**저 자**

**권경희 Mar Kwon**
현, 비바스페인어 대표 (www.5viva.com)

델레 C1, 정교사2급
Instituto Cervantes Dele B1/B2 작문 회화 감독관 코스 수료

레알 스페인어 전문학원 강사 역임
종로 테스트와이즈 부에노 스페인어 강사 역임
당근영어 스페인어 전담 강사
기업체 출강 (삼성 엔지니어링, CJ오쇼핑, 하이트 진로 등)

한국국제협력단(KOICA) 도미니카공화국 해외사무소 코디네이터
한국국제협력단(KOICA) 페루 봉사단원
한국교육개발원 전문원

**원어민 감수**
Smith Torres (Universidad Libre de Colombia, 스페인어 및 영어 교육 전공)
Camila Maria Echeverria Lopez (Universidad de Cuenca de Ecuador, 법학 전공)

# 목 차

| | |
|---|---|
| 책의 특징 | **006** |
| 델레 시험 소개 | **008** |
| 델레 B1 작문 예시 | **010** |
| 동사가 수반하는 전치사 모음 | **014** |

| | | | | |
|---|---|---|---|---|
| Día 1 | **018** | | Día 16 | **114** |
| Día 2 | **024** | | Día 17 | **120** |
| Día 3 | **030** | | Día 18 | **126** |
| Día 4 | **036** | | Día 19 | **132** |
| Día 5 | **042** | | Día 20 | **138** |
| **Ejercicio 1** | **048** | | **Ejercicio 4** | **144** |
| Día 6 | **050** | | Día 21 | **146** |
| Día 7 | **056** | | Día 22 | **152** |
| Día 8 | **062** | | Día 23 | **158** |
| Día 9 | **068** | | Día 24 | **164** |
| Día 10 | **074** | | Día 25 | **170** |
| **Ejercicio 2** | **080** | | **Ejercicio 5** | **176** |
| Día 11 | **082** | | Día 26 | **178** |
| Día 12 | **088** | | Día 27 | **184** |
| Día 13 | **094** | | Día 28 | **190** |
| Día 14 | **100** | | Día 29 | **196** |
| Día 15 | **106** | | Día 30 | **202** |
| **Ejercicio 3** | **112** | | **Ejercicio 6** | **208** |

| | |
|---|---|
| 색인 | **210** |

# 1. 책의 특징

**1 _____ 델레 B1 필수 동사 900개 수록**
예문과 함께 익히는 B1 시험대비 어휘

'비바 델레B1 기출 단어'에서는 문장의 근간이 되는 필수 동사 900개를 선별하여, 독해와 듣기의 실전 문제풀이에 필요한 기본 어휘를 확보할 수 있도록 합니다.
동사 900개는 시험에 자주 나오는 동사일 뿐만 아니라, 현재 시중에 나와 있는 델레 시험 교재들인 El Cronómetro B1, Preparación al Diploma de Español Nivel B1, Las claves del nuevo B1 지문 내의 동사들을 포함하고 있습니다.

**2 _____ 30일에 끝내는 델레 준비**
30일에 필수 어휘를 끝낼 수 있도록 구성

1일치의 분량은 동사 30개와 예문, ⓢ의어와 ㉺생어로 구성되어 있습니다. 또한, 5일마다 어휘의 숙지 정도를 체크할 수 있도록 문제를 수록하여, 30일 후에는 델레 시험 준비를 위한 어휘를 확보할 수 있습니다.

**3 _____ 듣기 필수 어휘 수록**
약1600개의 듣기 필수 어휘 수록

듣기 문제를 풀다 보면, 귀가 안 뚫려서 듣지 못하는 건지, 어휘를 충분히 알지 못해서 듣지 못하는 건지 헷갈리기만 합니다. 눈으로 독해가 안되는 구문은 귀로 들어도 해석하지 못하는 것은 너무나 자연스러운 일입니다. 듣기 지문의 필수 어휘를 수록하여, 듣기 지문의 기본 독해 실력을 갖추어 듣기 실력 향상의 토대를 마련합니다.

**4 _____ 동사가 수반하는 전치사 모음**
델레 B1에서 자주 쓰이는 동사가 수반하는 전치사 모음

B1등급에서는 동사가 수반하는 전치사에 대한 숙지와 이해가 문법문제 뿐만 아니라, 정확한 독해 해석과 작문에서 중요합니다. 시험에 자주 출제되었던 110개의 동사와 전치사를 한 눈에 볼 수 있도록 정리하여 제공하고 있습니다.

### 이 책으로 시험 준비했어요~!

> 언어 학습에 있어서 풍부한 어휘가 가장 중요하다고 생각하는데, 스페인어 어휘 학습에 가장 도움을 많이 받은 책 입니다. 다양한 어휘를 일별 계획에 맞춰 체계적으로 학습할 수 있어 실제 델레 시험 준비에 큰 도움을 받았습니다! 단어가 풍부해지니, 자연스레 독해/청취/작문/발화 실력이 많이 늘었고 덕분에 델레 B1 합격을 할 수 있었습니다.
>
> _ 공채은, 직장인

> 델레 B1 시험을 준비하면서 매번 문제 풀기 전에 한 챕터씩 공부를 하고 문제를 풀면 책에서 공부한 단어들이 나와서 공부하는데에도 재미를 느끼며, 동시에 큰 도움이 되었습니다. 특히, 제시된 예문들은 실제로 작문에 적용할 수도 있었습니다. 가장 걱정이 많았던 듣기와 작문까지 탄탄히 준비시켜, 합격하게 도와준 저에게는 최고의 단어책입니다. :) 현재는 교환학생으로 스페인의 북부도시 팜플로나, 나바라 대학교에서 2개의 수업을 스페인어로 듣고 있는데, 이 책을 통해 공부했던 단어들이 수업을 따라가는데 역시나 많은 도움이 되고 있습니다.
>
> _ 김현아, 대학생

> 저는 교환학생을 지원하기 위해 Dele B1 자격증이 필요했습니다. 하지만 전공생도 아니었고, 현지 거주 경험도 없는데다가, 언어에 재능이 있지도 않은 지극히 평범한 이과생이었습니다. 정말 제 실력으로 이 Dele 라는 시험에 합격을 할 수 있을 지가 의문이었습니다. 비바스페인어에서 수업을 들을 때, 선생님께서 B1 시험에 꼭 필요한 단어들이라고 하면서 이 책을 주셨습니다. 시간이 날 때마다 이 단어책을 꾸준히 여러 번 암기했더니, 어느 순간 독해 파트의 오답의 개수가 10개 이하로 줄기 시작했습니다. 그 결과, 저는 한 번에 B1에 합격해서 지금은 스페인에서 즐거운 교환학생 생활을 즐기고 있습니다. DELE를 준비하시지만, 단어가 부족하신 분들께는 이 책이 정말 유용하게 쓰일 것이라 확신합니다. 한국으로 돌아가서 B2를 준비하게 된다면 Mar선생님과 함께 하고 싶은 마음입니다 :)
>
> _ 백수연, 대학생

## 2. 델레 시험 소개

### 1 델레 등급

**델레는 총 6등급으로 구분되어 있습니다.**

| | | |
|---|---|---|
| A1 | DELE Nivel A | 간단한 의사소통 가능 |
| | DELE Nivel A1 para escolares | A1등급으로 만11세~17 학생 대상 |
| A2 | DELE Nivel A2 | 특정 상황(쇼핑, 길찾기 등)과 관련된 의사 소통 가능 |
| | DELE Nivel A2/B1 para escolares | 만11세~17 학생 대상 |
| B1 | DELE Nivel B1 | 직업이나 일상생활 등에서 일어날 수 있는 상황에 대처 가능. 관심 주제에 대해 간결하면서 일관성 있게 문장을 구성 |
| B2 | DELE Nivel B2 | 찬성과 반대의 의견을 제시하고, 다양한 주제에 대해 명확하고 자세한 의견 피력 가능 |
| C1 | DELE Nivel C1 | 유창하게 자신의 의견을 피력하고, 정확하고, 논리적인 구조의 문장을 구사할 수 있는 능력 |
| C2 | DELE Nivel C2 | 모든 상황과 주제에서 적절하게 대처 가능 |

### 2 시험 일정

시험은 2월부터 11월까지 시행됩니다.
전세계 시험일정 및 시험장소의 확인은
델레 공식 홈페이지 (http://examenes.cervantes.es) 에서
가능합니다.

한국에서는 4월, 5월, 7월, 10월, 11월에 시험이 시행되고 있습니다.

## 3. 접수 및 응시료

접수방법은 나라별, 시험 응시 기관별로 차이가 있을 수 있으며, 한국에서의 접수는 온라인 접수(서울)와 이메일 접수(인천, 대구)로 가능합니다.

응시료는 매년 변경되므로, 아래 지역별 센터 홈페이지를 참고합니다.

서울 센터(한국외국어대학교) : http://dele.hufs.ac.kr
대구 센터(대구카톨릭대학교) : http://daegudele.cu.ac.kr
인천 센터(대교인천델레센터) : http://vanvo.co.kr

## 4. 시험 성적 및 인증서

시험 성적 공지는 평균 2개월~3개월이 소요되며, 4월과 7월 시험은 별다른 특이사항이 없으면, 2개월이내에 발표 됩니다.

델레 공인 인증서는 시험 응시일로부터 약 1년후에 직접 또는 우편으로 수령하게 됩니다.

## 5. 약어

| 스페인어 약어 | 뜻 |
| --- | --- |
| nm,f. | 양성명사 |
| nf. | 여성명사 |
| nm. | 남성명사 |
| pl. | 복수 |
| adj. | 형용사 |
| adv. | 부사 |
| Interj. | 감탄사(구) |
| loc. adj. | 형용사구 |
| loc. adv. | 부사구 |
| loc. nom. | 명사구 |
| loc. verb. | 동사구 |
| loc. prep. | 전치사구 |
| prep. | 전치사 |
| exp. | 어구(표현) |
| 파 | 파생어 |
| 동 | 동의어 |

# 3. 델레 B1 작문 예시

델레 작문에서 가장 중요한 2가지 요소는 '분량'과 '소테마'입니다. 정해진 분량보다 적거나 정해진 분량보다 많을 경우 채점에 영향을 미칠 수 있습니다. 작문 시험 과제에서 제시하는 '소테마'중 일부가 내용에서 누락되는 경우에도 감점이 됩니다. 시험 주관 기관인 세르반테스에서는 불합격과 합격 예시 작문을 공개하고 있습니다. 첨삭본을 같이 첨부하니, 작문시험 준비에 참고가 되었으면 합니다.

작문 예시 출처 : (http://examenes.cervantes.es)

## 1     No Apto (불합격) 작문 예시

불합격 예시 작문의 경우, Ser와 estar동사, 전치사, gustar와 같은 기본 문법 오류가 잦고, 과거시제 쓰임이 올바르지 않게 사용되고 있습니다.

### Tarea 1

¡Hola, Diego!:

**Soy muy feliz para el tuyo correo.**
→ **Estoy** muy feliz **por tu** correo.

Espero que **tu estes bien.**
→ Espero que **tú estés** bien.

Fui **en** Madrid solo dos dia antes **que** ir a Salamanca con el bus.
→ Fui **a** Madrid solo dos días antes **de** ir a Salamanca con el bus.

**Estabo** en un bar cuando **he vido** Miguel con su hermana.
→ **Estaba** en un bar cuando **vi a** Miguel con su hermana.

**Despues** un café con ambos yo y Miguel decidimos **que** hacer un **giro de** la ciudad porque yo nunca la había **vida** bien.
→ **Después de** un café con ambos, yo y Miguel decidimos hacer un **paseo por** la ciudad, porque yo nunca la había visto bien.

**Me conouci en** sitios realmente maravigliosos y me gusto muchissimo la suya compañía.
→ **Así, yo conocí** sitios realmente **maravillosos** y me gustó muchísimo su compañía.

**Despues** fuimos en un jardín para descansar: fu un dia maraviglioso.
→ **Después,** fuimos **a** un jardín para descansar. **Fue** un día **maravilloso.**

Espero **que venir** pronto a Barcelona, a lo meyor el próximo mese.
→ Espero ir pronto a Barcelona, a lo mejor el próximo mes.

Tengo **mucha gana** de verte.
→ Tengo muchas ganas de verte.

Hasta pronto,

---

**Tarea 2**

Hola me llamo Sara y quiero contar mi experiencia porque creo que esta **iniziadiva** es muy interesante.
→ Hola, me llamo Sara y quiero contar mi experiencia, porque creo que esta iniciativa es muy interesante.

Para mi comer significa comer untos a la gente que quiero y **condivider** nuestras experiencias del **dia**.
→ Para mí, comer significa comer junto a la gente que quiero y compartir nuestras experiencias del día.

Hace tres años **había** una comida que me acuerdo bien.
→ Hace tres años, hubo una comida que me acuerdo bien.

Era un **ordenario dia** de **Enero**.
→ Era un ordinario día de enero.

Y estaba con mi madre, mi padre y mi hermana como **quasi** todos los días; porque en mi familia es normal comer **untos**.
→ Yo estaba con mi madre, mi padre y mi hermana, como casi todos los días; porque en mi familia es normal comer juntos.

Ese **dia** comimos una comida preparida por mi madre, que es una **bravissima** cocinera.
→ Ese día, comimos una comida preparada por mi madre, que es una buenísima cocinera.

Se trataba de una pasta **tipica del** mi **pais** . «pasta a la nona» también pollo con patatas. **Y al fin** una tarta muy rica.
→ Se trataba de una pasta típica de mi país, «pasta a la nona», también pollo con patatas y, al final, una tarta muy rica.

**Ese** momentos lo **acuordo** con mucho gusto porque estábamos **untos** y feliz A lo mejor una de las **ultimas** veces.
→ Esos momentos los recuerdo con mucho gusto, porque estábamos juntos y felices. A lo mejor una de las últimas veces.

## 2    Apto (합격) 작문 예시

기본적인 문법 오류가 적고, 시제와 접속사의 사용이 적절합니다.

---

**Tarea 1**

¡Hola, Diego!:

Gracias por tu mensaje.

Cuando me encontré con Miguel, justo estaba esperando el autobús para ir al aeropuerto. Mi amiga estaba regresando de los EEUU y quería **mandarle** darle la bienvenida. Pero, como Miguel y yo no nos habíamos visto por mucho tiempo, decidí invitarle a comer un helado en un bar italiano muy cercano.

Pasamos juntos un tiempo maravilloso y nos contamos cómo habíamos pasado el verano. ¡Además el helado estaba muy rico! Al final, olvidé el tiempo y tuve que tomar un taxi al aeropuerto. Era caro, pero valía la pena.

Como seguramente tenemos los dos vacaciones en Navidad, he pensado **venir** ir a Barcelona durante este tiempo. ¿Qué te parece?

Hasta pronto, saludos,

**Tarea 2**

En mi comentario, quería escoger como tema un tiempo que todos nosotros conocemos muy bien: Navidad.

Cada vez que se **acerque** acerca el fin del año, nos preparamos **a** para comer bien y, por supuesto, comer mucho.

Recuerdo especialmente la cena del 25 de diciembre **en el** del año en que cumplí los 16 años. Como cada año, toda la familia se reunía para celebrar la cena tradicional. Lo especial era que pude, por **la** primera vez, sentarme a la mesa de los adultos. Recuerdo bien cómo empecé con el primer plato que era salmón. Por la primera vez en mi vida, venía acompañado de una copa de champán servido por mi abuelo en persona. Me sentí muy grande y por esto lo recuerdo tan bien. Después, seguí con fruta rellenada de castañas, preparada con mucho talento por mi abuela. Y, por supuesto, terminé con helado como postre. ¡Qué rico!

# 4. 동사가 수반하는 전치사 모음

| | | | |
|---|---|---|---|
| 1 | abastecer | de | ~을 공급하다 |
| 2 | aburrirse | de | 지루하다 |
| 3 | abusar | de | 남용하다 |
| 4 | acceder | a | ~에 근접하다 |
| 5 | acompañarse | de | 동반하다 |
| 6 | acreditarse | de | 평판을 얻다 |
| 7 | acudir | a | ~에 가다 |
| 8 | acusar | de | 고소하다 |
| 9 | admirarse | de/por | ~에 감탄하다 |
| 10 | adueñarse | de | 자기 것으로 삼다 |
| 11 | afectar | a | ~에 영향을 끼치다(주로 부정적인) |
| 12 | aficionarse | a | ~에 열중하다 |
| 13 | alcanzar | a+동사원형 | (무엇을) 하기에 이르다. 할 수 있다 |
| 14 | alegrarse | de | ~을 기뻐하다 |
| 15 | alimentarse | de/con | ~을 먹다 |
| 16 | alojarse | en | ~에 숙박하다 |
| 17 | amenazar | con/de | ~하겠다고 협박하다 |
| 18 | arrancar | de | ~에서 시작하다. 유래하다 |
| 19 | arrepentirse | de | 후회하다 |
| 20 | asistir | a | ~에 참석, 참가하다 |
| 21 | atreverse | a | 감히 ~ 하다 |
| 22 | avergonzarse | de/por | ~을 부끄럽게 생각하다 |
| 23 | ayudar | a | ~을 도와주다 |
| 24 | basarse | en | ~에 근거를 두다 |
| 25 | burlarse | de | 비웃다 |
| 26 | carecer | de | 부족하다 |
| 27 | centrarse | en | 집중하다 |

| | | | |
|---|---|---|---|
| 28 | coincidir | con | (무엇과) 동시에 일어나다 |
| 29 | colgar | de/en | ~에 매달다. 걸다 |
| 30 | combinarse | con | ~와 어울리다 |
| 31 | comenzar | a+동사원형 | ~하기 시작하다 |
| 32 | comparar | con | ~와 비교하다 |
| 33 | complacerse | en+동사원형 | 기쁘게 생각하다 |
| 34 | componerse | de | 무엇으로 구성되어 있다 |
| 35 | concentarse | en | 집중하다 |
| 36 | concluir | de | ~로 결론짓다 |
| 37 | concurrir | a | ~에 참가하다 |
| 38 | conducir | a | 안내하다. 인도하다 |
| 39 | conectar | a | 에 연결시키다 |
| 40 | confiar | en | 믿다 |
| 41 | confundirse | de | (무엇을) 틀리다. 혼동하다 |
| 42 | consistir | en | ~에 기반을 두다 |
| 43 | constar | de | 로 구성되어 있다 |
| 44 | contar | con | 가지다. 갖추어 놓다 |
| 45 | contradecirse | con | 모순되다 |
| 46 | convertirse | en | ~로 바뀌다 |
| 47 | corresponder | a | ~에 대응하다. 상응하다 |
| 48 | cuidar | de | (무엇,누구에게) 신경을 쓰다 |
| 49 | deducir | de/por | ~에서 추론하다 |
| 50 | defender | de | ~로 부터 보호하다 |
| 51 | depender | de | ~에 좌우되다 |
| 52 | derivar | de | 에서 유래하다. 나오다 |
| 53 | desconfiar | de | ~을 의심하다 |
| 54 | desistir | de | ~을 단념하다. 체념하다 |

| | | | |
|---|---|---|---|
| 55 | detenerse | a+동사원형 | 멈추어 서서~하다 |
| 56 | disculparse | de/por | 변명하다 |
| 57 | disponer | de | 소유하고 있다. 자유롭게 사용하다 |
| 58 | distinguirse | de | 무엇과 식별되다 |
| 59 | divorciarse | de | 이혼하다 |
| 60 | empeñarse | en+동사원형 | 고집하다. 우겨대다 |
| 61 | empezar | a+동사원형 | ~하기 시작하다 |
| 62 | enamorarse | de | 사랑에 빠지다 |
| 63 | enfrentarse | a | 맞서다. 대항하다 |
| 64 | entender | de | 에 대해 정통하다. 잘 알고 있다 |
| 65 | esmerarse | en | 꼼꼼히 하다 |
| 66 | especializarse | en | ~을 전공하다 |
| 67 | establecerse | en | ~에 정착하다 |
| 68 | figurar | en/entre | (명단에) 있다 |
| 69 | fiarse | de | ~을 신뢰하다 |
| 70 | fijarse | en | 주목하다. 시선을 쏟다 |
| 71 | gozar | de | 향유하다. 만끽하다 |
| 72 | influir | en | ~에 영향을 끼치다 |
| 73 | insistir | en | 주장하다. 고집하다 |
| 74 | inspirarse | en | ~에서 영감을 얻다(받다) |
| 75 | interesar | en | ~에 관심이 가다 |
| 76 | jugar | a+스포츠, 놀이 | 경기를 하다. ~하고 놀다 |
| 77 | lanzarse | a | 시작하다. 착수하다 |
| 78 | librarse | de | ~로부터 해방되다 |
| 79 | limitarse | a | ~만으로 한정하다 |
| 80 | luchar | contra | ~와 싸우다 |
| 81 | negarse | a | 부정하다. 부인하다 |

| | | | |
|---|---|---|---|
| 82 | obligar | a+동사원형 | 어쩔수 없이 ~하다 |
| 83 | ocupar | en | (시간을) 쓰다 |
| 84 | oler | a | 냄새를 맡다 |
| 85 | olvidarse | de | 을 잊다. 잊어버리다 |
| 86 | oponerse | a | ~에 반대하다 |
| 87 | optar | por | 선택하다 |
| 88 | pasar | por | 들리다. 지나가다 |
| 89 | preguntar | por | ~에 대해 묻다 |
| 90 | preocuparse | por | ~에 대해 걱정하다 |
| 91 | presumir | de | ~을 자만하다. 자부하다 |
| 92 | proceder | de | ~에서 비롯되다. 유래되다 |
| 93 | protestar | contra, de | ~에 항의하다 |
| 94 | proveer | de | ~을 공급하다 |
| 95 | quejarse | de | 불평하다 |
| 96 | reaccionar | a | ~에 반응하다 |
| 97 | recurrir | a | ~에 도움을 구하다. ~에 의존하다 |
| 98 | referirse | a | ~에 관해 언급하다. 말하다 |
| 99 | reírse | de | 비웃다. 조소하다 |
| 100 | relacionarse | con | ~와 관련이 있다. |
| 101 | reparar | en | ~에 마음을 쓰다 |
| 102 | reunirse | con | ~와 만나다 |
| 103 | romper | a+동사원형 | 갑자기~하기 시작하다 |
| 104 | servir | para | ~에 유용하다 |
| 105 | someterse | a | ~에 따르다 |
| 106 | soñar | con | 꿈꾸다 |
| 107 | sospechar | de | 의심하다 |
| 108 | sustituir | por | 대체하다 |
| 109 | transformarse | en | (무엇으로) 바뀌다. 변하다 |
| 110 | tratar | de+동사원형 | ~하려고 애쓰다 |

# Día 1

1. **aconsejar**
   ㉤ consejo (nm) 조언

   조언하다.
   Te aconsejo que tengas paciencia.
   나는 인내심을 가지라고 너에게 조언한다.

2. **agitarse**
   ㉤ agitación (nf) 동요,진동

   동요하다. 불안하다. 흔들리다.
   Mi corazón se agita demasiado.
   마음이 너무 불안하다.

3. **agredir**
   ⑧atacar 공격하다.

   공격하다.
   Me quedé boquiabierto cuando me agredió de esa manera.
   그녀가 그렇게 나를 공격했을 때 나는 말문이 막혔다

4. **apartarse**

   (+de) 멀리하다.
   Camina sin apartarse de la sombra.
   그늘에서 멀어지지 않게 걸어라.

5. **aprovechar**

   활용하다. 이용하다.
   Quiero aprovechar la ocasión.
   이 기회를 활용하고 싶다.

   ✱✱ aprovecharse de : (부정적인 의미로) 허점이나 약점을 이용하다.

6. **burlarse**

   (+de) 놀리다. 비웃다.
   Se burla de sus compañeros.
   그는 자기 동료들을 비웃는다.

### 7  coincidir

(+con) 일치하다. 부합하다.

Mis noticias coincidieron con las suyas.

내 정보는 그의 것과 일치했다.

### 8  consultar

상담하다. (책 등을) 참조하다.

Tendré que consultarlo con el director.

나는 교장과 그것을 상의해야만 할 것이다.

### 9  contar
🔄 relatar 이야기하다

이야기하다.

No me cuentes el final.

내게 결말을 얘기하지 마라.

### 10  controlar
🔄 dominar 지배하다

관리하다. 통제하다.

No podemos controlar esta situación.

우리는 이 상황을 통제할 수 없다.

### 11  convencer

납득시키다. 설득시키다.

No me convence lo que dices

너가 말한 것이 납득이 가지 않는다.

### 12  despedir(se)

해고하다. (~se) +de 작별인사하다.

Me despedí de ella.

나는 그녀와 작별 인사를 했다.

Mi jefe despidió a un empleado.

사장은 한 직원을 해고했다.

※ despedirse de : ~에게 작별인사하다.
※ despedir a : ~을 해고하다.

### 13  disculparse

(+por ) 변명하다. 사죄하다.

Me disculpo por mis errores.

나의 실수에 대해 사과드립니다.

※ Pedir disculpa : 용서를 구하다.

### 14  dudar
🔄 duda (nf) 의심

(+de) 의심하다.

Ellos dudan de mi honradez.

그들은 내 정직함을 의심하고 있다.

## 15 encoger

움츠리다. (천이나 옷이) 줄어들다.
Encoge las piernas.
그는 다리를 움츠린다.

## 16 enfadarse
阁 enojarse 화내다

(+con) ~에게 화내다.
Ella se enfadó mucho conmigo por mi falta de puntualidad.
그녀는 내가 시간을 지키지 않았기 때문에 화가 많이 났다.

## 17 estimar

존경하다.
Sus compañeros lo estiman mucho.
그의 동료들은 그를 몹시 존경한다.

## 18 fatigarse
阁 cansarse 피곤하다

녹초가 되다.
Se fatigó al subir las escaleras del edificio.
그는 건물 계단을 올랐을 때 녹초가 되었다.

## 19 hincharse

붓다.
Se le ha hinchado la muñeca.
손목이 부었다.

## 20 humillar(se)

굴욕(창피)를 주다. (~se) 겸손해 하다.
Te gusta humillar a los demás pero no te gusta ser humillado.
너는 다른 사람에게 창피주는 것을 좋아 하지만, 창피한 사람이 되는 것은
좋아하지 않는다.

## 21 intentar

(+동사원형) ~(애를 써서) 하려고 하다.
Intentarán finalizar el trabajo antes del fin de semana.
그들은 주말전에 일을 끝내려고 한다.

## 22 pasar

통과하다. (사건이) 발생하다. (시간을) 보내다
Pasaré por mi oficina.
나는 사무실에 들릴 것이다.

## 23 realizar
파 realidad (nf) 현실

실행하다.
Procura realizar un plan.
그는 계획을 실행하려고 한다.

✤ procurar + 동사원형 : ~(애를 써서) 하려고 하다

## 24 referirse

(+a) 말하다. 언급하다.
¿A qué te refieres?
무엇에 관해 얘기하는거니?

## 25 saludar

인사하다.
Siempre que Juanita me ve por la calle me saluda cordialmente.
후아니따는 거리에서 나를 볼 때마다 정중히 인사한다.

## 26 separar(se)
㈜ separación (nf) 분리, 별거

(+de) 분리하다. (~se) 별거하다.
Quiere separar su vida privada de su vida pública.
그는 공적인 삶과 사적인 삶을 구분하길 원한다.

## 27 someterse

(+a) (무엇을) 따르다.
Me someteré a la opinión de la mayoría.
나는 다수의 의견을 따를 것이다.

## 28 sospechar
⑤ dudar 의심하다.

의심하다. 추측하다.
Sospecho que no lo terminará.
내가 추측컨대, 그는 그것을 끝내지 못할 것이다.

## 29 usar
⑤ utilizar 이용하다.

사용하다.
Es peligroso usar el celular mientras se está cargando.
충전되는 동안에 휴대폰을 사용하는 것은 위험하다.

## 30 utilizar
㈜ útil (adj) 유용한

이용하다.
Los médicos utilizan un sistema para determinar el tratamiento exacto.
의사들은 정확한 치료를 결정하기 위해 시스템을 이용한다.

## 01 듣기 필수 단어

| | | |
|---|---|---|
| a partir de | loc prep. | ~부터 (=desde) |
| aeronáutico/a | adj. | 항공의 |
| arquitectura | nf. | 건축 |
| arquitecto/a | nm,f. | 건축가 |
| asesoramiento | nm. | 전문적인 의견 |
| aspecto | nm. | 용모, 외양, (문제) 측면 |
| astronauta | nm,f. | 우주비행사 |
| comercial | adj. | 상업의 |
| común | adj. | 공통의 |
| concepto | nm. | 개념 |
| espacio | nm. | 공간, 우주 |
| espacial | adj. | 우주의 |
| especial | adj. | 특별한 |
| exterior | adj. | 외부의 |
| | nm. | 외부, 바깥쪽 |
| global | adj. | 세계의 |
| línea | nf. | 선 |
| medida | nf. | 치수, 크기 |
| norteamericano/a | adj. | 북아메리카의 |
| | nm,f | 북아메리카사람 |
| principal | adj. | 중요한 |
| proyecto | nm. | 계획, 프로젝트 |
| punto de vista | nm. | 관점 |
| racimo de flores | nm. | 꽃다발 |
| recepción | nf. | 접수처, 프런트 |
| recto/a | adj. | 직선의, 똑바른 |
| responsable | adj. | 책임이 있는 |
| | nm,f. | 책임자 |
| sitio | nm. | 장소, 사이트 |
| turista | nm,f. | 관광객 |

| | | |
|---|---|---|
| usuario/a | nm,f. | 사용자 |
| ventanal | nm. | 커다란 창문 |
| avería | nf. | 고장 |
| especialidad | nf. | 전공, 특산물 |
| etiqueta | nf. | 라벨 |
| extranjero/a | adj. | 외국의 |
| | nm,f. | 외국인 |
| fabuloso/a | adj. | 놀라운, 굉장한 |
| gratuito/a | adj. | 무료의 |
| gratis | adv. | 무료로 |
| | adj. | 무료의 |
| imprescindible | adj. | 반드시 필요한 |
| laboral | adj. | 노동의 |
| reducido/a | adj. | 제한된 |
| seguro médico | nm. | 의료보험 |
| voto | nm. | 투표 |
| provisional | adj. | 잠정적인, 일시적인 |
| avalancha de nieve | nf. | 눈사태 |
| nostalgia | nf. | 향수 |
| situación | nf. | 상황 |
| emergente | adj. | 신생의, 신흥의 |
| deuda pendiente | nf. | 아직 갚지 않은 빚 |
| malestar | nm. | 불쾌감 |
| depósito | nm. | 공탁금, 보관소, (보관) 탱크 |
| cálculo | nm. | 계산, 추정 |
| inmueble | nm. | 빌딩 |
| | adj. | 부동산의 |
| equipado/a | adj. | 구비된, 장착한 |
| vivienda | nf. | 주택 |

# Día 2

**1 abrir**
㈜ abierto/a (adj) 열린

열다.
Acaban de abrir en mi barrio un supermercado que tiene servicio a domicilio.
우리 동네에 배달 서비스를 하는 슈퍼마켓이 문 연지 얼마 안 되었다.

**2 aumentar**
㈜ incrementar 증가하다

늘다.
Este tratamiento aumenta la cantidad de vitamina B12 en el cuerpo.
이 치료는 몸에서 비타민 B12의 양을 증가 시킨다.

**3 conducir**
㈜ conducción (nf) 운전

운전하다.
Conduce el coche con soltura.
그는 운전을 능숙히 한다.

**4 construir**
㈜ construcción (nf) 건축

건축하다.
Quiero construir una casa.
나는 집을 짓고 싶다.

**5 copiar**

복사하다.
No se permite copiar los textos de otros autores.
다른 저자들의 텍스트를 복사하는 것은 허용 하지 않는다.

**6 crecer**

성장하다. 증가하다.
Su niño ha crecido mucho
그의 아이는 많이 컸다.

## 7 creer

믿다. 생각하다.
No creo que llueva mañana
내일 비가 내리지 않을 것 같다.

## 8 cualificar

자격을 얻다.
Este título cualifica para ejercer como abogados.
이 학위는 변호사로서 일하기 위한 자격을 갖게 한다.

## 9 enseñar

(+a) 가르치다. 보여주다.
Nos enseña a cocinar.
그는 우리에게 요리하는 것을 가르쳐 준다.

## 10 esperar

⑧ desear 바라다.
㉾ esperanza (nf) 희망

바라다. 기다리다.
Espero que tenga un buen viaje.
좋은 여행이 되길 바랍니다.

## 11 estar

⑧ encontrarse ~에 있다.

~ (위치해) 있다. ~ (상태) 에 있다.
Estamos contentos.
우리는 만족합니다.

✱✱ estar harto(a) de : ~이 지긋지긋하다.

## 12 evitar

피하다.
Si tiene diarrea, beba más líquidos para evitar la deshidratación.
만약 설사를 하면, 탈수를 피하기 위해서 더 많은 음료를 마시세요.

## 13 felicitar

축하하다.
Por último, hay que felicitar a una delegación en particular.
마지막으로, 특히 대표단에게 축하를 전해야 합니다.

## 14 firmar

사인하다.
¿Dónde firmo?
제가 어디에 사인할까요?

## 15 ir(se)

가다. (~se) 떠나다.
¿Adónde vas?
어디 가니?

✱✱ ir de vacaciones : 휴가 가다.

델레 B1 25

**16 llorar**

울다.
Los padres estaban durmiendo cuando escucharon que el bebé lloraba.
아기가 우는 것을 들었을 때, 부모는 자고 있었다.

**17 manchar**

얼룩을 묻히다.
No quiero manchar mi reputación.
나는 평판을 더럽히고 싶지 않다.

**18 meter**
동 insertar 삽입하다

넣다.
Metió las manos en los bolsillos.
그는 주머니에 손을 넣었다.

**19 molestar**
파 molestia (nf) 번거로움

귀찮게 하다. 방해하다. 화나게 하다.
Me molesta su canto.
나는 그의 노래가 거슬린다.

**20 nacer**
파 nacimiento (nm) 탄생

태어나다.
En esta sociedad, no basta con nacer con dones.
이 사회에서는 재능을 가지고 태어나는 것만으로는 충분하지 않다

※ bastar con : ~만으로 충분하다

**21 oír**

듣다.
Quisiera oír su opinión.
당신의 의견을 듣고 싶습니다.

**22 partir**

나누다. 출발하다.
Voy a partir el pastel.
나는 케잌을 나눌 것이다.

**23 pensar**
동 creer 생각하다.

생각하다.
Un animal no piensa en las consecuencias de sus actos.
동물은 자신의 행동에 대한 결과를 생각하지 않는다.

※ pensar+en : ~을 생각하다.
※ pensar+inf. : ~할 작정이다. ~하려고 생각하다.

### 24 **perfeccionar**

완성시키다. 개선하다.

Todo lo que tenemos que hacer ahora es perfeccionar nuestro canto.

지금 우리가 해야만 하는 모든 것은 우리 노래를 완성시키는 것이다.

### 25 **quitar(se)**

없애다. 제거하다. (~se) 벗다

Este jabón para ropa puede quitar las manchas más difíciles.

이 빨래비누는 가장 제거하기 힘든 얼룩을 제거할 수 있다.

### 26 **saber**

⊕ sabiduría (nf) 지식, 학식

알다.

No lo sé.

나는 그것을 모르겠다.

✲ saber + a : ~맛이 나다

### 27 **satisfacer(se)**

만족시키다. (~se) 만족하다.

El presidente satisface las necesidades del pueblo.

대통령은 국민이 필요로 하는 것을 만족시키고 있다.

### 28 **sobrar**

남아있다.

Me sobra un poco de dinero.

내게 돈이 조금 남아 있다.

### 29 **vender**

⊕ vendedor(a) (nm,f) 판매인

팔다.

Venden naranjas a 20 pesos el kilo.

그들은 오렌지를 킬로에 20페소에 판다

### 30 **volver**

돌아오다.

Odio tener que volver al trabajo.

나는 직장으로 돌아가야만 하는 것이 싫다.

✲ volver + a + inf. : 다시 ~을 하다.

## 02 듣기 필수 단어

| | | |
|---|---|---|
| vecino/a | nm,f. | 이웃 |
| típico/a | adj. | 전형적인, 대표하는 |
| además | adv. | 더욱이 |
| además de | loc.prep. | ~이외에 |
| ajedrez | nm. | 체스 |
| aula | nf. | 교실 |
| centro educativo | nm. | 교육기관 |
| centro | nm. | 시내, 센터 |
| comunidad | nf. | 공동체 |
| curso | nm. | 과정, 강좌 |
| de calidad | loc.adj. | 고급의 |
| diploma | nm. | 졸업증서, 수료증, 상장 |
| distinto/a | adj. | 상이한 |
| edad | nf. | 연령 |
| ensayo | nm. | 연습 |
| fin | nm. | 끝 |
| forma | nf. | 모양, 형태 |
| individual | adj. | 개인의 |
| intermedio/a | adj. | 중간의 |
| joven | adj. | 젊은 |
| | nm,f. | 젊은이 |
| naturaleza | nf. | 자연, 본성 |
| óleo | nm. | (미술) 유화, 올리브 기름 |
| oportunidad | nf. | 기회 |
| pared | nf. | 벽 |
| persona | nf. | 사람 |
| plazo | nm. | 기간, 기한 |
| programa | nm. | 프로그램 |

| | | |
|---|---|---|
| propio/a | adj. | 자신의, 고유의 |
| reconocimiento médico | nm. | 건강검진 |
| red | nf. | 네트워크, 인터넷 |
| socio/a | nm,f. | 구성원 |
| submarinismo | nm. | 스쿠버다이빙 |
| superior | adj. | (+a) ~보다 우수한, ~이상 |
| tango | nm. | 탱고 |
| técnico/a | nm,f. | 기술자 |
| tema | nm. | 주제 |
| tener lugar | loc.verb. | 개최하다 |
| tradición | nf. | 전통 |
| mate | nm. | 마떼 (차의 일종) |
| al principio | adv. | 처음에 |
| instalación | nf. | 설치 |
| instalaciones | nf.pl. | (복수) 시설 |
| tacaño/a | nm,f. | 구두쇠 |
| cerveza | nf. | 맥주 |
| pasajero/a | nm,f. | 승객 |
| dependencia | nf. | 지국, 출장소 |
| mostrador | nm. | 카운터 |
| billete | nm. | 탑승권, 지폐 |
| planeta | nm. | 지구 |
| historiador/a | nm,f. | 역사가 |
| huella | nf. | 흔적 |
| docente | nm,f. | 교육자 |
| decisión | nf. | 결정 |

# Día 3

1. **acomodar(se)**
   배치하다. (기준을) 맞추다. (~se) 앉다.
   Respiré profundo y me acomodé en mi asiento.
   나는 심호흡을 하고, 내 자리에 앉았다.

2. **adivinar**
   추측하다. 알아 차리다.
   Su madre adivinó la tristeza oculta bajo su sonrisa.
   그녀의 엄마는 그녀의 미소 아래 숨겨진 슬픔을 알아 차렸다.

3. **agotar(se)**
   ㉮ agotado/a (adj) 기진맥진한
   극도로 피곤하게 하다. (~se) 품절되다. 극도로 피곤하다.
   Los niños me agotan.
   아이들은 나를 녹초로 만든다.

4. **alegrarse**
   ㉮ alegría (nf) 기쁨
   (+de) 기쁘다.
   Me alegro de que me hagas esa pregunta.
   너가 내게 그런 질문을 해줘서 기쁘다.

5. **alquilar**
   ㉮ alquiler (nm) 임대, 임대료
   임대하다.
   Le alquilamos nuestro piso.
   우리는 그에게 우리 아파트를 임대해준다.

6. **arrepentirse**
   (+de) 후회하다.
   Me arrepiento de no haber estado en esa fiesta.
   그 파티에 있지 않았던 걸 후회한다.

**7 avergonzarse**

(+de) 부끄럽게 생각하다.
La pobreza no es razón para avergonzarse.
가난은 부끄러워할 이유가 아니다.

**8 cargar**

(+a) (누구에게 부담이나 책임을) 부과하다. 짐을 싣다.
Le cargaron la culpa a ella.
그들은 그녀에게 잘못을 떠넘겼다.

❋ a cargo de : 의 부담으로, ~의 담당으로
Ella está a cargo del departamento de marketing.
그녀는 마케팅 부서를 담당하고 있다.

**9 circular**

순회하다.
Abre la ventana para que circule el aire.
공기가 순환할수 있도록 창문을 열어라.

**10 conmover**
ⓢ emocionar 감동시키다

감동시키다. 마음을 동요시키다.
A todos nos conmovió su muerte repentina.
우리 모두는 갑작스런 그녀의 죽음에 동요했다.

**11 consentir**

용인하다. 허용하다.
Mi mamá me consiente mucho.
엄마는 내게 많은 것을 용인해 준다.

**12 culpar**

~을 탓하다.
Ella suele culpar a su compañera de sus fracasos.
그녀는 실패를 동료 탓으로 돌리곤 한다.

**13 desconfiar**
ⓢ dudar 의심하다.

(+de) 불신하다.
Él desconfía de ti.
그는 너를 불신한다.

**14 disgustar**

싫어하다.
Me disgusta la gente que no es responsable.
나는 책임감 없는 사람들이 싫다.

### 15 encontrar(se)

발견하다. (~se) 에 있다.

Ayer encontré mi libro favorito.
어제 내가 좋아하는 책을 발견했다.

※ encontrarse = estar
Se encuentra en el extranjero.
그는 외국에 있다.

### 16 establecer(se)
㊟ establecimiento (nm) 설립, 시설

설립하다. (~se) 정착하다.
Se establecieron en Quito.
그들은 끼또에 정착했다.

### 17 exigir
㊟ exigencia (nf) (강한) 요구

요구하다.
Exigimos nuestros derechos.
우리의 권리를 요구합니다.

### 18 fascinar
㊐ cautivar (마음을) 매료시키다

매료시키다. 매혹되다.
Su conferencia me fascinó.
나는 그의 강연에 매료 되었다.

### 19 fingir

~척 하다.
Él fingió alegría para no desilusionarme.
그는 나를 실망 시키지 않으려고 기쁜 척 했다.

### 20 insultar

모욕하다. 욕설을 퍼붓다.
El jefe me insultó.
상사는 내게 욕설을 퍼부었다.

### 21 mantener
㊐ sostener 부양하다.

유지하다. 부양하다.
Mi amigo mantiene a su familia.
내 친구는 그의 가족을 부양한다.

### 22 ocupar

차지하다. 점거하다.
El armario ocupa toda la pared.
옷장이 벽면을 전부 차지한다.

### 23 odiar
동 detestar 저주하다

미워하다. 싫어하다.
Odio lavar los platos.
나는 설거지를 싫어한다.

### 24 perdonar
뗑 perdón (nm) 용서

용서하다.
No lo perdonó nunca que no la invitara a la boda.
그녀는 결혼식에 그녀를 초대하지 않은 것에 대해 그를 결코 용서하지 않았다

### 25 pintar(se)
뗑 pintura (nf) 그림

그림그리다. (~se) 화장하다.
Pintó una casa.
그는 집을 페인트칠했다.

### 26 placer
뗑 placer (nm) 기쁨

기쁘다. 즐겁다.
Me place ver la película.
나는 영화 보는것을 좋아한다.

### 27 planchar

다림질하다.
Ella suele planchar toda su ropa cada domingo.
매주 일요일마다 그녀의 옷을 모두 다림질 하곤 한다.

### 28 preocupar

걱정하다.
Me preocupa que no haya llamado.
나는 그가 전화하지 않아 걱정이 된다.

### 29 prestigiar

누구의 위신(명성)을 높이다.
Es necesario prestigiar la familia.
가족의 위신을 높일 필요가 있다.

### 30 temer
뗑 temor (nm) 불안,근심

걱정하다. 두려워하다.
Temen que los despidan.
그들은 회사에서 그들을 해고될까봐 걱정이다.

## 03 듣기 필수 단어

| | | |
|---|---|---|
| talla | nf. | 사이즈 |
| vals | nm. | 왈츠 |
| en cuanto | loc.adv. | ~하자마자 |
| en punto | loc.adv. | 정각에 |
| gafas | nf.pl | 안경 |
| moderno/a | adj. | 현대의 |
| lentilla | nf. | 콘텍트 렌즈 |
| frijol | nm. | 강낭콩 |
| harina de maíz | nf. | 옥수수가루 |
| darse prisa | loc.verb. | 서두르다 |
| gracioso/a | adj. | 재미있는 |
| muñeca | nf. | 손목, 인형 |
| ratón | nm. | 생쥐, (컴퓨터) 마우스 |
| medianoche | nf. | 자정 |
| nieto/a | nm,f. | 손자, 손녀 |
| servicio de orientación | nm. | 진로 지도 |
| residencia | nf. | 거주지 |
| sábana | nf. | 이불, 시트 |
| manta | nf. | 담요 |
| calefacción | nf. | 난방 |
| gastos de comunidad | nm.pl | 관리비 |
| informe | nm. | 보고서 |
| ejercicio | nm. | 운동, 연습문제 |
| cerradura | nf. | 자물쇠 |
| cena | nf. | 저녁 |
| profesional | nm,f. | 전문가 |
| aguacate | nm. | 아보카도 |
| relleno/a | adj. | 가득찬 |

| | | |
|---|---|---|
| experto/a | nm,f. | 전문가 |
| ensalada | nf. | 샐러드 |
| postre | nm. | 후식 |
| auténtico/a | adj. | 진정한 |
| maestro/a | nm,f. | 선생, 스승 |
| concurso | nm. | 경연대회 |
| boda | nf. | 결혼식 |
| peculiar | adj. | 고유의, 독특한 |
| cuadro | nm. | 그림 |
| diversidad | nf. | 다양성 |
| enorme | adj. | 거대한 |
| pueblo | nm. | 소도시, 국민 |
| posibilidad | nf. | 가능성 |
| demanda | nf. | 요구, 수요 |
| ayuda económica | nf. | 경제적인 도움 |
| estadía | nf. | 체류 |
| sensación | nf. | 느낌, 기분 |
| tecnología | nf. | 과학기술 |
| extraterrestre | nm,f. | 외계인 |
| partidario/a | nm,f. | 지지자 |
| acontecimiento | nm. | 사건, 사고 |
| ufología | nf. | UFO학 |
| encierro de los sanfermines | nm. | 산페르민축제의 소달리기 |
| velocidad | nf. | 속도 |
| sanitario/a | adj. | 건강의, 의료의 |

# Día 4

1 **acompañar**
㉻ acompañamiento (nm) 동행

(누구를, 무엇을) 동행하다. 동반하다.
Mi amigo me **acompañó** al médico.
의사에게 가는데 내 친구가 같이 가 주었다.

2 **afirmar**
㊌ asegurar 확언하다.

확언하다.
¿Quién **afirma** que su jefe llegó a ser ofensivo?
그의 상사가 공격적인 사람이 되었다고 말한 사람은 누구인가?

3 **afrontar**

직면하다.
Ella **afronta** una situación de estrés en el trabajo.
그녀는 직장에서 스트레스 상황에 직면해 있다.

4 **asistir**
㊌ participar 참여하다.
㉻ asistencia (nf) 참석

(+a) 참여하다. 출석하다.
**Asistí a** una reunión ayer.
나는 어제 회의에 참석했다.

5 **colocar(se)**

놓다. (~se) 직장을 얻다.
Me he **colocado** de guardia.
나는 경비로 취직 했다.

6 **conceder**

(권리 등을) 주다. 인가하다.
Le han **concedido** un permiso para acudir al congreso.
그가 회의에 가도록 허락해 주었다.

**7 concentrarse**

(+en) 집중하다.
Él se concentra en el trabajo.
그는 일에 집중하고 있다.

**8 conformarse**
동 contentarse 만족하다

(+con) 만족하다.
Me conformo con media jornada de trabajo.
나는 파트타임에 만족한다.

**9 considerar**
동 tener en cuenta 고려하다.

고려하다.
Tenemos que considerar que hizo todo lo que pudo.
우리는 그가 할 수 있는 모든 것을 했다는 점을 고려해야만 한다.

**10 contratar**

계약하다. 고용계약을 맺다.
Contrató a un jardinero.
그는 정원사와 고용계약을 맺었다.

**11 coordinar**

통합하다. 조정하다.
Coordinemos un plan de acción.
활동 계획을 조정하자.

**12 descuidar**

소홀히 하다.
Él descuida su trabajo.
그는 일을 소홀히 한다.

**13 desnudarse**

옷을 벗다.
Al parecer drogado, se desnudó en la calle.
마약에 취한듯, 그는 거리에서 옷을 벗었다.

**14 determinar**
동 decidir 결정하다

결정하다.
Determinaron las condiciones del contrato.
그들은 계약조건을 결정했다.

**15 encomendar**

위탁하다.
Es oportuno encomendar la supervisión.
관리 감독을 위탁하기에 적절한 시기이다.

### 16 engañar
속이다.
Su cara inocente engañaba a sus compañeros.
그의 천진무구한 얼굴이 그의 동료들을 속이곤 했다

### 17 facilitar
제공하다. 용이하게 하다.
Esa persona me ha facilitado la dirección.
그 사람이 내게 주소를 주었다.

### 18 favorecer
동 propiciar 유리하게 하다

~에 유리하다. 에 찬성하다.
Su posición acomodada le ha favorecido en los negocios.
그의 적절한 지위는 사업에 도움이 되었다.

### 19 fichar
출근부를 찍다.
No fiches tarde otra vez.
다시는 늦게 출근하지 마라.

### 20 figurar
나타나다.
Ese texto no debería figurar en su informe.
이 텍스트는 보고서에 있어서는 안 된다.

### 21 formar
파 formación (nf) 교육, 양식

구성하다.
Vamos a formar un buen equipo.
좋은 팀을 구성하자.
※ formar parte de : 에 속하다

### 22 helar
얼리다.
El clima heló el lago.
날씨는 호수를 얼려 버렸다.

### 23 negociar
동 comerciar 거래를 하다

거래를 하다. 교섭하다.
Es bueno negociar juntos.
함께 교섭 하는 것이 좋다.

### 24 persistir
동 insistir 고집하다

고집하다. 지속하다.
Los síntomas podrían persistir por semanas.
증상은 몇주 동안 지속될 수 있다.

## 25 precisar
동 necesitar 필요하다

필요하다.
Esta empresa no precisa un ingeniero.
이 회사는 엔지니어가 필요하지 않다.

## 26 proceder
동 provenir 유래하다. 비롯되다

(+de) 비롯되다. 유래되다.
Es una planta que procede de un clima muy seco.
매우 건조한 기후에서 나온 식물이다.

## 27 registrar

등록하다. 기록하다.
La empresa ha registrado un aumento de las ventas.
회사는 판매 증가를 기록했다.

## 28 renunciar
동 abandonar 포기하다

포기하다. 사임하다.
Renunció a su estatus diplomático.
그는 그의 외교 지위를 포기했다.

## 29 revisar
동 examinar 조사하다.

조사하다. 검토하다.
No se olviden de revisar el expediente.
당신들은 서류 검토하는 것을 잊지 마세요.

## 30 valorar
동 evaluar 평가하다.

평가하다. (높게) 가치를 매기다.
Su actividad ha sido valorada muy positivamente
그의 활동은 긍정적으로 평가되었다.

## 04 듣기 필수 단어

| | | |
|---|---|---|
| homogéneo/a | adj. | 동종의, 동질의 |
| rasgo | nm. | 특징, 용모 |
| indígena | adj. | 원주민의 |
| | nm,f. | 원주민 |
| cotidiano/a | adj. | 일상의 |
| herramienta | nf. | 연장 |
| asimismo | adv | 또한 |
| medio de comunicación | nm. | 대중매체 |
| aldea | nf. | 작은마을 |
| seductor/a | adj. | 유혹하는 |
| | nm,f. | 유혹하는사람 |
| instrumento | nm. | 악기, 도구 |
| canto | nm. | 음악 |
| cuna | nf. | 요람 |
| norma social | nf. | 사회규범 |
| rol | nm. | 역할 |
| habitante | nm,f. | 거주자 |
| en torno a | loc.prep. | ~에 관해서, 대략 |
| tambor | nm. | 북, 장구 |
| flauta | nf. | 플룻 |
| hueso | nm. | 뼈 |
| en ocasiones | loc.adv. | 때때로 |
| escritura | nf. | 쓰기 |
| joya | nf. | 보석 |
| placer | nm. | 즐거움 |
| a gusto | loc.adv. | 편할 대로, 좋을 대로 |
| vela | nf. | 철야, 초 |
| maleta | nf. | 휴대용 여행가방 |

| | | |
|---|---|---|
| embarque | nm. | 탑승 |
| clase turista | nf. | 일반석 |
| arqueológico/a | adj. | 고고학의 |
| ruinas | nf.pl | 유적지 |
| precolombino/a | adj. | 콜럼버스의 아메리카 발견 이전의 |
| pirámide | nf. | 피라미드 |
| folleto | nm. | 소책자 |
| estar a disposición de | loc.verb. | ~에게 제공하다. |
| préstamo | nm. | 대여 |
| audiovisual | adj. | 시청각의 |
| taller de coches | nm. | 카센터 |
| protagonista | nm,f. | 주인공 |
| personaje | nm. | 등장인물 |
| danza | nf. | 댄스 |
| siniestro | nm. | 사고 |
| termómetro | nm. | 온도계 |
| extremo/a | adj. | 극도의 |
| mitad | nf. | 절반, 중간 |
| descenso | nm. | 하락, 저하 |
| contrato | nm. | 계약 |
| esperanza | nf. | 희망, 기대 |
| esfuerzo | nm. | 노력 |
| virtual | adj. | 가상의 |
| centro de formación | nm. | 교육기관 |
| vacaciones | nf. | 휴가 |
| culinario/a | adj. | 요리의 |
| importación | nf. | 수입 |

# Día 5

1. **abusar**

    (+de) 남용하다. 악용하다.
    No abuses del alcohol.
    술을 남용하지 마라.

2. **activar**
    ㈜ actividad (nf) 활동

    활성화하다.
    El ejercicio regular activa las funciones del cerebro.
    정기적인 운동은 뇌의 기능을 활성화시킨다.

3. **atender**

    돌보다.
    Nos atendió con esmero.
    그는 우리를 정성껏 돌봤다.

4. **atribuir**

    (+a) ~탓으로 돌리다.
    El médico atribuyó la muerte a la gripe.
    의사는 사망 원인을 독감 탓으로 돌렸다

5. **callar**
    ㈜ callado 말이 없는

    말하지 않다. 입을 다물다.
    No calles ante la injusticia.
    부조리 앞에서 침묵하지 마라.

6. **cobrar**

    (돈을) 받다.
    Nos cobra 700 euros de alquiler al mes.
    그는 한달 임대료로 우리에게 700 유로를 받는다.

## 7 conservar
⑧ guardar 보존하다

보존하다. 보관하다.
Ella está preocupada por conservar la belleza.
그녀는 아름다움을 유지하는데 신경을 쓰고 있다.

## 8 contribuir
㈜ contribución (nf) 공헌, 기여

(+a) 기여하다.
Nada contribuye a la alegría más que la salud.
어떠한 것도 건강보다 기쁠일은 없다.

## 9 cuidar.

돌보다. (무엇에) 신경을 쓰다.
Ella cuida a su padre enfermo.
그녀는 아픈 아버지를 돌본다.

## 10 curar

치료하다.
El médico no pudo curar el cáncer que tenía.
의사는 그가 가진 암을 치료할 수 없었다.

## 11 dañar
㈜ daño (nm) 손해

해를 끼치다.
Esta crema daña el cutis.
이 크림은 피부에 해롭다.

## 12 descubrir
㈜ descubierto/a (adj.) 발견된

발견하다. 밝히다.
No han descubierto la causa de su enfermedad.
병의 원인을 밝히지 못했다.

## 13 desvelar(se)

(비밀 등을) 폭로하다. (~se) 밤샘하다.
Se desveló por su mujer enferma.
그는 아픈 아내 때문에 밤을 샜다.

## 14 enfermarse
㈜ enfermedad (nf) 질병

병이 나다.
La mitad del equipo se ha enfermado, así que tenemos que abandonar el partido.
팀 절반이 아파서, 우리는 경기를 포기해야만 했다.

## 15 envejecer

늙다. 나이를 먹다.
Desde que tuvo a su segundo hijo ha envejecido muy deprisa.
두번째 아이를 가진 이후로 그는 아주 빠르게 늙었다.

## 16 generar
ⓢ causar 야기하다.

야기하다.
El VIH genera más problemas por rechazo social que por el tratamiento sanitario.
에이즈는 의학적인 치료 보다 사회적인 거부 때문에 더 많은 문제를 야기한다.

## 17 influir
㉾ influencia (nf) 영향, 효과

(+en) 영향을 미치다.
Eso no ha influido en mi decisión.
그것은 내 결정에 영향을 미치지 않았다.

## 18 ordenar
㉾ orden (nm) 순서, 명령

명령하다. 정리하다.
El médico me ordenó reposo completo.
의사는 나에게 절대 안정을 명했다.

## 19 perder
㉾ pérdida (nf) 분실. 상실

잃다. 놓치다.
Me gustaría perder peso.
나는 체중을 줄이고 싶다.

## 20 perjudicar
ⓢ afectar (안좋은) 영향을 끼치다

해를 끼치다.
El tabaco perjudica la salud.
담배는 건강에 해롭다.

## 21 permanecer
ⓢ quedarse 머물다

체류하다.
Permaneció enfermo tres semanas.
그는 3주 동안 아팠다.

✱ Permanecer + 형용사 : (형용사)의 상태가 지속되다.

## 22 prevenir

예방하다. 준비하다.
Hay que prevenir el cáncer.
암을 예방해야만 한다.

## 23 prohibir
㉾ prohibición (nf) 금지

금지하다.
El médico le prohíbe fumar.
의사는 그에게 담배 피는 것을 금했다.

### 24 provocar
ⓢ ocasionar 야기하다.

야기하다. 유발하다.
El polvo me provoca estornudos.
먼지는 내게서 재채기를 유발한다.

### 25 purificar(se)

정화하다. (~se) 정화되다.
¿Cómo se purifica el agua?
물은 어떻게 정화되나?

### 26 rechazar

거부하다.
Desafortunadamente, el cuerpo del paciente rechazó el riñón que le donaron.
불행하게도, 환자의 몸은 그에게 기증된 신장을 거부했다.

### 27 recuperar(se)

되찾다.(~se) 회복되다.
No recuperaron el dinero invertido.
그들은 투자한 돈을 되찾지 못했다.

### 28 sobrepasar
ⓢ exceder 초과하다

초과하다. 상회하다.
El estudiante acabó sobrepasando a su maestro.
학생이 결국 그의 스승을 넘어섰다.

### 29 sobrevivir

생존하다.
Ellos sobrevivieron al incendio.
그들은 화재에서 살아 남았다.

### 30 toser

기침을 하다.
Me duele al toser porque tengo la garganta irritada.
따끔거리는 목 때문에 기침할 때 아프다.

## 05 듣기 필수 단어

| | | |
|---|---|---|
| profesión | nf. | 직업 |
| transcurso | nm. | 시간의 경과, 세월의 흐름 |
| travesura | nf. | 짓궂은 장난 |
| sueño | nm. | 꿈 |
| aventurero/a | adj. | 모험적인 |
| diverso/a | adj. | 다양한 |
| bosque | nm. | 숲 |
| misteriosamente | adv. | 기이하게, 미궁속에 |
| encantado/a | adj. | 매혹적인 |
| palacio | nm. | 궁전 |
| atrevido/a | adj. | 대담한 |
| pleno/a | adj. | 중심부의, 절정기의 |
| familiar | adj. | 가족의, 익숙한 |
| alojamiento rural | nm. | 시골 숙박시설 |
| albergue | nm. | 작은 호텔 |
| tradicional | adj. | 전통적인 |
| cuento | nm. | 이야기 |
| leyenda | nf. | 전설 |
| torre | nf. | 탑 |
| travesía | nf. | 항해 |
| asombroso/a | adj. | 놀라운 |
| método | nm. | 방법 |
| convencional | adj. | 전통적인, 틀에박힌 |
| recién | adv. | 최근의 |
| estrenado/a | adj. | 초연하는, 첫선을 보이는 |
| azar | nm. | 우연 |
| descendiente | nm,f. | 자손 |
| crónica | nf. | 연대기 |

| | | |
|---|---|---|
| apasionante | adj. | 황홀한, 흥분하는, 매력적인 |
| investigador/a | nm,f. | 연구자 |
| desaparición | nf. | 실종, 멸종 |
| prestigioso/a | adj. | 명성이 있는, 호평을 받은 |
| presentador/a | nm,f. | 사회자, 해설자 |
| emoción | nf. | 감동 |
| pasión | nf. | 열정 |
| ironía | nf. | 빈정거림, 비꼼 |
| suspenso | nm. | 서스펜스 |
| paisaje | nm. | 풍경 |
| banda sonora | nf. | 사운드 트랙 |
| carnicería | nf. | 정육점 |
| exportación | nf. | 수출 |
| paro | nm. | 실직, 실업수당 |
| nacionalista | nm,f. | 민족주의자, 국수주의자 |
| candidato/a | nm,f. | 지원자 |
| rescate | nm. | 구출 |
| amargo/a | adj. | (맛이) 쓴 |
| agrio/a | adj. | (맛이)신, 무뚝뚝한 |
| ancho/a | adj. | (폭이)넓은 |
| cercano/a | adj. | 가까운 |
| próximo/a | adj. | 가까운, 다음의 |
| pobre | adj. | 가난한, 불쌍한 |
| delgado/a | adj. | 가는, 날씬한 |
| lleno/a | adj. | 가득찬 |

# Ejercicio 01

**적절한 단어를 골라 봅니다.**

01  Te _____ que tengas paciencia.

나는 너에게 참을성을 가지라고 조언한다.

① aconsejo　　　　② consejo

02  Ellos _____ de mi honradez.

그들은 나의 정직함을 의심하고 있다.

① dudan　　　　② deduce

03  Ella _____ mucho conmigo por mi falta de puntualidad.

그녀는 내가 시간을 지키지 않았기 때문에 화가 많이 났다.

① se enfadó　　　　② se enamoró

04  Los médicos _____ un sistema para determinar el tratamiento exacto.

의사들은 정확한 치료를 결정하기 위해 시스템을 이용한다.

① utilizan　　　　② sospecha

05  La madre _____ la tristeza oculta bajo su sonrisa.

엄마는 그녀의 미소아래 숨겨진 슬픔을 알아 차렸다.

① adivinó　　　　② adaptó

06  Su conferencia me _____.

그의 강연은 나를 매료시켰다.

① fascinó　　　　② fatigó

07 Ella _____ una situación de estrés en el trabajo.

그녀는 직장에서 스트레스 상황에 직면해있다.

① afronta          ② adelanta

08 _____ las condiciones del contrato.

계약조건을 결정했다.

① Determinaron     ② adelantaron

09 Esta empresa no _____ un ingeniero.

이 회사는 엔지니어가 필요하지 않다.

① precisa          ② sobra

10 El médico _____ la muerte a la gripe.

의사는 사망 원인을 독감 탓으로 돌렸다.

① atribuyó         ② atendió

## 동의어 찾기

| provocar | ① | Ⓐ | atacar |
| curarse  | ② | Ⓑ | encontrarse |
| guardar  | ③ | Ⓒ | recuperarse |
| estar    | ④ | Ⓓ | conservar |
| agredir  | ⑤ | Ⓔ | ocasionar |

● 적절한 단어를 골라 봅니다 1① 2① 3① 4① 5① 6① 7① 8① 9① 10① ● 동의어찾기 ①-Ⓔ ②-Ⓒ ③-Ⓓ ④-Ⓑ ⑤-Ⓐ

# Día 6

1. **acudir**
   동 asistir 가다, 참가하다
   
   (+a) 가다. 참가하다.
   Acudía a clases de baile al salir de trabajar.
   직장에서 나오면 댄스 수업에 가곤 했다.

2. **admitir**
   명 admisión (nf) 입학,허가
   
   승인하다. 허용하다.
   Hostales admiten mascotas.
   호스텔은 애완동물을 허용한다.

3. **aficionarse**
   명 aficionado/a(nm,f) 애호가, 팬
   
   (+a) 열중하다. 빠지다.
   La gente como nosotros no se aficiona a la política.
   우리 같은 사람들은 정치에 빠지지 않는다.

4. **alimentarse**
   
   (+de) 을 먹다.
   Ella solo se alimenta de verduras.
   그녀는 야채만 먹는다.

5. **brindar**
   동 proporcionar 제공하다
   
   제공하다. 건배하다.
   Su visita me brindó la ocasión de conocerlo mejor.
   그의 방문은 그를 더 잘 알 수 있는 기회를 내게 제공했다.

6. **broncearse**
   동 tostar 굽다, 볶다
   
   햇볕에 태우다.
   Muchas personas van a la playa para broncearse.
   많은 사람들이 햇볕에 태우기 위해 해변으로 간다.

### 7 comenzar
동 empezar 시작하다

(+a) 시작하다.
Esta carne comienza a oler mal
이 고기는 악취가 나기 시작한다.

### 8 concluir
동 terminar 끝내다

끝내다. 결론짓다. 추정하다.
Concluimos pidiendo un armisticio.
우리는 휴전을 제안하는 것으로 결론을 내렸다.

### 9 contemplar

주시하다. 고려하다.
Él contempla un cuadro.
그는 그림을 응시하고 있다.

### 10 contener
동 abarcar 내포하다

포함하다.
El limón contiene vitamina C.
레몬은 비타민 C를 포함하고 있다.

### 11 degustar
동 probar 입어보다. 먹어보다

시식하다.
Deguste nuestro queso.
우리 치즈를 먹어보세요.

### 12 disfrazarse

(+de) 변장하다.
Él se disfraza de vampiro en Halloween.
그는 Halloween에 뱀파이어로 변장한다.

### 13 disfrutar
동 gozar 만끽하다. 향유하다

(+de) 즐기다.
Espero que disfruten del espectáculo.
나는 당신들이 공연을 즐기기를 바란다.

### 14 disolver

녹이다.
Disuelve el azúcar en el café.
커피에 설탕을 녹이다.

### 15 entretener(se)

~을 즐겁게 하다. (~se) 즐기다.
El libro lo entretuvo toda la mañana.
책은 오전 내내 그를 즐겁게 해 주었다.

### 16 entusiasmar(se)

열광시키다. (~se) 열광하다. 감격하다.
Entusiasmaron al público con su representación.
그들은 공연으로 관객을 열광시켰다.

### 17 escoger
동 elegir 선택하다

선택하다.
Tiene dos sabores a escoger.
선택할수 있는 두가지 맛을 가지고 있다.

### 18 freír
관 frito/a (adj.) 튀긴

튀기다.
Fríe el pescado con aceite.
생선을 기름으로 튀기다

### 19 fundir

녹이다.
Funde la mantequilla en la sartén.
프라이팬에 버터를 녹인다.

### 20 hartarse

(+de) 과식, 과음하다.
Se hartó de beber cerveza.
맥주를 과음했다.

### 21 ingerir
동 tragar 삼키다

섭취하다.
¿Qué clase de comida usted ingiere?
어떤 종류의 음식을 섭취하나요?

### 22 interesar
관 interesado/a (nm,f) 관심있는사람

관심을 끌다.
Me interesa mucho esta película.
나는 이 영화에 무척 흥미가 있다.

### 23 limitarse
동 circunscribirse 로 한정하다

(+a) 한정하다.
Quizás sea mejor limitarse a aprender un solo idioma.
언어 하나만 배우는것이 나을지도 모른다.

**24 masticar**

씹다.
Dicen que hay que masticar 32 veces la comida antes de tragarla.
음식을 삼키기 전에 34번은 씹어야 한다고들 말한다.

**25 matar**
동 asesinar 암살하다.

죽이다.
¿Quieres ir a un café para matar el tiempo antes de que empiece la película?
영화 시작하기 전에 시간 때우게 까페에 갈래?

**26 mejorar**

향상시키다.
Existen alimentos para mejorar la memoria.
기억을 좋게하는 식품들이 있다.

**27 parecer**
파 parecido/a (adj.) 비슷한

(외견상) ~로 보이다.
Esta película parece muy interesante.
이 영화는 아주 흥미로와 보인다.

✴ Me/Te/Le parece que… : 의견을 얘기할때 (내/너/그 생각에는)
¿Qué te parece? 네 의견은 어때?

**28 repetir**
파 repetición (nf) 반복

반복하다.
Usted debe repetir todo el proceso.
당신은 모든 과정을 반복해야만 한다.

**29 soler**
동 acostumbrar 습관이 되다

(+동사원형) ~하곤 하다.
Solía ir al cine cada domingo.
일요일마다 극장에 가곤 했다.

**30 tostarse**
파 tostador (nm) 토스터기

햇볕에 타다.
Se tostó al sol.
햇볕에 탔다.

## 06 듣기 필수 단어

| | | |
|---|---|---|
| frutería | nf. | 과일가게 |
| tráfico | nm. | 교통량 |
| camarero/a | nm,f. | 종업원 |
| homenaje | nm. | 경의, 존경, 명예 |
| dificultad | nf. | 어려움 |
| redacción | nf. | 글짓기 |
| marido | nm. | 남편 |
| lector/a | nm,f. | 독자 |
| interés | nm. | 관심 |
| intereses | nm. | (복수) 이자 |
| descalzo/a | adj. | 맨발의 |
| baloncesto | nm. | 농구 |
| retraso | nm. | 지연, 연기 |
| muela | nf. | 어금니 |
| tibio/a | adj. | 미지근한 |
| cuchara | nf. | 숟가락 |
| parada | nf. | 정류장 |
| esquina | nf. | 코너, 길모퉁이 |
| libertad | nf. | 자유 |
| biblioteca | nf. | 도서관 |
| corbata | nf. | 넥타이 |
| cinturón | nm. | 허리띠 |
| campo | nm. | 시골, (연구) 분야 |
| en medio de | loc.prep. | ~한중간에 |
| piscina | nf. | 수영장 |
| cebolla | nf. | 양파 |
| ajo | nm. | 마늘 |
| queso | nm. | 치즈 |

| | | |
|---|---|---|
| alimento | nm. | 식품 |
| bicicleta | nf. | 자전거 |
| medio de transporte | nm. | 교통수단 |
| circo | nm. | 서커스 |
| concierto | nm. | 콘서트 |
| jabón de manos | nm. | 손비누 |
| cepillo de dientes | nm. | 칫솔 |
| secador/a | nm. | 드라이기 (nf.) 건조기 |
| lavadora | nf. | 세탁기 |
| ordenado/a | adj. | 정리된, 꼼꼼한 |
| estantería | nf. | 선반류, 책장 |
| bolsa | nf. | 핸드백, 봉지 |
| leve | adj. | 경미한, 소소한 |
| emocionado/a | adj. | 감동적인 |
| repentino/a | adj. | 갑작스러운 |
| carácter abierto | nm. | 개방적인 성격 |
| individualista | nm,f. | 개인주의자 |
| enorme | adj. | 거대한 |
| arrogante | adj. | 거만한 |
| mentiroso/a | adj. | 거짓말을 잘 하는 |
| inverosímil | adj. | 거짓말같은 |
| falso/a | adj. | 거짓의, 허위의 |
| inquieto/a | adj. | 걱정스러운, 불안한 |
| preocupado/a | adj. | 걱정하는 |
| saludable | adj. | 건강에 좋은 |

# Día 7

1. **apretar**

    조이다.
    Aprieta el limón para sacarle todo el zumo.
    모든 즙을 짜내기 위해 레몬을 쥐어짜라.

2. **atar**

    묶다.
    Ataron sus muebles en la parte trasera de la camioneta.
    그들은 트럭 뒤에 가구들을 묶었다.

3. **barrer**

    쓸다.
    Acaba de barrer la cocina.
    그는 방금 주방을 쓸었다.

4. **colgar(se)**

    (+de, en) ~에 걸다. (~se) 매달리다.
    Colgó un mapa en mi pared.
    그는 벽에 지도를 걸었다.

5. **confesar**
    ㉠ confesión (nf) 고백

    고백하다.
    El niño confesó haber roto la ventana.
    아이는 창문 깬 것을 고백했다.

6. **conquistar**
    ㊜ dominar 지배하다

    정복하다. 누구의 마음을 빼앗다.
    Los europeos conquistaron y colonizaron una gran parte del mundo.
    유럽인들은 세계 대부분을 정복하고, 식민지화했다.

### 7 criar.
기르다. 양육하다.
**Ella sola cría cinco hijos.**
그녀는 혼자서 다섯 아이를 키우고 있다.

### 8 dejar
놓다. 빌려주다. (~para) 로 미루다.
**Han tenido que dejarle dinero.**
그들은 그에게 돈을 빌려주었다.

### 9 desear
🔁 deseo (nm) 소망, 바람

원하다.
**Dígame lo que desea**
원하는 것을 말씀해 주세요.

### 10 desgastar
조금씩 소모시키다. 닳아 없어지다.
**El pantalón está desgastado en las rodillas.**
바지 무릎이 닳아지고 있다.

### 11 disponer
🔁 disponible 자유로이 사용할 수 있는

(+de) 을 소유하고 있다.
**El hotel dispone de cuatro salas de conferencias.**
이 호텔은 4개의 강연홀을 가지고 있다.

**Esta casa está disponible.**
이 집은 비어 있다. (자유로이 사용할 수 있는 상태다).

### 12 dividir
🔁 partir 나누다

나누다.
**Dividió un pastel en diez partes.**
그는 케익을 열 조각으로 나누었다.

### 13 enmarcarse
(+en) 에 속하다.
**El libro se enmarca en el género de la novela negra.**
이 책은 범죄 소설 장르에 속한다.

### 14 enojarse
🔁 irritarse 화내다

(+con) ~에게 화가 나다.
**No te enojes con él.**
너는 그에게 화내지 마라.

### 15 enviar
🔁 mandar 보내다
🔁 envío (nm) 발송

보내다.
**Envíale mis saludos a tu madre.**
너희 어머니께 내 안부 전해드려라.

### 16 estrenar

개봉하다.
¿No sabes cuándo van a estrenar la nueva película de fantasía?
새 판타지아 영화가 언제 개봉하는지 모르니?

### 17 estropearse

고장나다. 부서지다.
Se ha vuelto a estropear el ascensor.
승강기는 다시 고장났다.

### 18 hervir
동 cocer 삶다. 찌다

끓이다.
Esa sopa está hirviendo.
수프가 끓고 있다.

### 19 imaginar(se)

상상하다. 생각하다.
Ni me lo puedo imaginar.
그것은 상상도 할 수 없는 일이다.

### 20 pegar

접착하다.
Pegó la suela a los zapatos.
신발에 밑창을 붙였다.
   ※ Pegar ojo : 눈을 붙이다. 잠을 자다.

### 21 poseer

소유하다.
No poseen ni la cama en que duermen.
그들은 잠을 잘 침대조차도 없다.

### 22 prestar
동 dejar 빌려주다

빌려주다.
¿Me puedes prestar la aspiradora?
내게 진공청소기 빌려줄수 있니?

### 23 privar

빼앗다. 박탈하다.
El acusado fue privado injustamente de su libertad.
피고는 부당하게 그의 자유를 빼앗겼다.

### 24 recomendar
® recomendable 추천할만한

추천하다.
Me han recomendado este restaurante.
그들은 내게 이 레스토랑을 추천했다.

### 25 recostar

기대다.
Recostó la cabeza en el cojín.
쿠션에 머리를 기댔다.

### 26 regar
® riego (nm) 물뿌리기, 살수

물을 뿌리다.
Regué las plantas anoche.
어젯밤에 식물에 물을 주었다.

### 27 resbalarse
⑧ deslizarse 미끄러지다

미끄러지다.
Me resbalé en el baño.
욕실에서 미끄러졌다.

### 28 rescatar

구출하다.
Un padre saltó de un auto en marcha para rescatar a su hija.
한 아버지는 그의 딸을 구출하기 위해서 달리는 차에서 뛰어내렸다.

### 29 respetar

존경하다. 존중하다.
Hay que respetar a los ancianos.
노인을 공경해야 한다.

### 30 unir
® unido/a 단결한, 결합한

결합시키다.
Me gusta la ciencia ficción, pero no soporto la violencia.
No sé por qué suelen unir estos dos conceptos.
나는 공상 과학을 좋아하지만, 폭력은 견디기 힘들다. 왜 두가지 개념을 붙여놓곤 하는 건지 모르겠다.

## 07 듣기 필수 단어

| | | |
|---|---|---|
| descuento | nm. | 할인 |
| producto | nm. | 상품 |
| afición | nf. | 취미 |
| en general | loc.adv. | 일반적으로 |
| voluntario/a | nm,f. | 자원봉사자 |
| en relación con | loc.prep. | ~와 관련된 |
| tabla | nf. | 게시판, 보드 |
| reciente | adj. | 최근의 |
| descubrimiento | nm. | 발견 |
| tortuga | nf. | 거북이 |
| fábula | nf. | 우화 |
| metabolismo | nm. | 기초대사 |
| temperamento | nm. | 기질, 천성 |
| líquido | nm. | 음료 |
| | adj. | 액체의 |
| testigo/a | nm,f. | 증인 |
| silencioso/a | adj. | 조용한 |
| gigante | adj. | 거대한 |
| | nm. | 거인 |
| ecuatoriano/a | adj. | 에콰도르의 |
| | nm,f | 에콰도르 사람 |
| órgano | nm. | 기관 |
| hígado | nm. | 간 |
| pulmón | nm. | 폐 |
| riñon | nm. | 신장 |
| centenario/a | adj. | 100의 |
| genoma | nm. | 게놈 |
| gen | nm. | 유전자 |

| | | |
|---|---|---|
| longevidad | nf. | 장수 |
| adversidad | nf. | 불운, 불행 |
| de manera gradual | loc.adv. | 점진적인 방법으로 |
| trimestre | nm. | 석달, 3개월분 |
| folclore | nm. | 민속, 민간전승 |
| matrimonio | nm. | 부부 |
| traspaso | nm. | (권리) 양도, 운반 |
| clientela | nf. | 단골손님 |
| infantil | adj. | 유아의 |
| manualidad | nf. | 수공예 |
| paralelamente | adv. | 나란히 |
| carpa | nf. | 천막 |
| plaza limitada | nf. | 제한된 좌석 |
| payaso/a | nm,f. | 어릿광대 |
| malabarista | nm,f. | 곡예사 |
| sano/a | adj. | 건강한 |
| seco/a | adj. | 건조한 |
| perezoso/a | adj. | 게으른 |
| modesto/a, humilde | adj. | 겸손한 |
| imprudente | adj. | 경솔한 |
| solitario/a | adj. | 고독한, 단독의, 인적이 드문 |
| propio/a | adj. | 자신의, 고유의 |
| terco/a | adj. | 고집스러운 |
| público/a | adj. | 공공의 |
| respetuoso/a | adj. | 공손한, 존경심이 있는 |
| común | adj. | 공통의 |
| excesivo/a | adj. | 과도한 |
| ostentoso/a | adj. | 과시하는 |

# Día 8

### 1 acumular

축적하다. 모으다.
Su sueño era acumular fama y dinero.
그의 꿈은 명성과 돈을 축적하는 것이었다.

### 2 adelgazar

(체중을) 줄이다.
Ha adelgazado mucho.
그는 체중을 많이 줄였다.

### 3 afeitarse
㉺ afeitado (nm) 면도

면도하다.
A mi hermano menor no le gusta afeitarse.
내 남동생은 면도하는 것을 좋아하지 않는다.

### 4 agradecer
⑧ dar las gracias a alguien 누구에게 감사하다

감사하다.
Me gustaría agradecer a todos los padres por su ayuda.
나는 그들의 도움에 대해 모든 부모들에게 감사를 전하고 싶다.

### 5 alargar
⑧ prolongar 연장하다

늘이다. 연장하다.
A veces es mejor no alargar estas situaciones.
때때로 이런 상황들은 더 늘어지지 않게 하는 것이 더 낫다.

### 6 apetecer

~하고(갖고) 싶다.
¿Te apetece un café?
커피 마시고 싶니?

| 7 | **apoyarse** | 기대다. |
|---|---|---|
| | | No te apoyes en la ventada. |
| | | 창문에 기대지 마라. |

| 8 | **apropiar** | 적절하게 맞추다. |
|---|---|---|
| | 晉 apropiado/a (adj) 적절한 | Tienes que apropiar tu comportamiento a cada situación. |
| | | 너는 각 상황에 맞는 적절한 행동을 해야 한다. |

| 9 | **aproximarse** | (+a) 가까이 가다. |
|---|---|---|
| | 동 acercarse 접근하다 | Se aproximó al fuego. |
| | | 그는 불 가까이 갔다. |

| 10 | **arreglar** | 정돈하다. 수리하다. 해결하다. |
|---|---|---|
| | 晉 arreglo (nm) 정리, 수리 | ¿Cómo vas a arreglar todo esto? |
| | | 어떻게 이것을 다 정리할 꺼야? |

| 11 | **bastar** | 충분하다. |
|---|---|---|
| | | Unos tacos bastan para no sentir hambre. |
| | | 몇 개의 타코로도 배고픔을 느끼지 않게 하는데 충분하다. |
| | | ¡Basta! |
| | | 이제그만! 됐습니다! |

| 12 | **borrar** | 지우다. |
|---|---|---|
| | 晉 goma de borrar 지우개 | ¿Puedo borrar la pizarra? |
| | | 제가 칠판을 지워도 될까요? |

| 13 | **cepillarse** | 솔질을 하다. |
|---|---|---|
| | 晉 cepillo de dientes 칫솔 | Me cepillo el cabello. |
| | | 나는 머리를 빗는다. |

| 14 | **corregir** | 수정하다. |
|---|---|---|
| | | Los corregí en rojo. |
| | | 나는 그것들을 붉은색으로 수정했습니다. |

| 15 | **cortar(se)** | 자르다. (~se) 이발하다. |
|---|---|---|
| | 晉 corto/a 짧은 | ¿Le corto el flequillo? |
| | | 앞머리 잘라드릴까요? |

### 16 derretir
동 disolver 녹이다

녹이다.
Derrite la mantequilla.
그는 버터를 녹이고 있다.

### 17 destinar

할당하다. 임명하다.
Destinaré este cuarto a los niños.
나는 이 방을 아이들의 방으로 할 것이다.

### 18 durar
파 duración (nf) 지속

지속하다.
Estos zapatos me duraron mucho.
나는 이 구두를 오래 신었다.

### 19 entregar
파 entrega (nf) 인도, 수여

건네주다.
Me entregó las llaves.
그는 내게 열쇠들을 주었다.

### 20 incorporar(se)

합병하다. (+se) 출근하다.
Ella se incorporó el lunes a las 9 de la mañana.
그녀는 월요일 9시에 출근 했다.

### 21 juntar
파 junto/a (adj) 모인, 뭉친

모으다.
Quiere que yo junte todos los cuadros.
그는 내가 모든 그림을 모으기를 원한다.

### 22 mudarse
동 trasladarse 이사하다
파 mudanza (nf) 이사

이사하다.
Mi nieto se mudó aquí por un empleo.
내 손자는 일자리 때문에 여기로 이사 했다.

### 23 preparar
파 preparación (nf) 준비

준비하다.
La cocina está totalmente equipada para preparar desayunos.
주방은 아침을 준비하기 위한 것들이 제대로 갖추어져 있다.

### 24 presentar(se)
파 presente (nm,f) 출석자

소개하다. 나타다다. (~se) 지원하다.
Te presento a mi mujer.
너에게 내 아내를 소개 한다.

**25 procurar**

~(애써서) 하려고 하다.
Procura llegar puntual.
그는 정확한 시간에 도착하려고 애쓴다.

**26 prometer(se)**
㈜ promesa (nf) 약속

약속하다. (~se) 약혼하다.
Me prometió que se iría a casar conmigo.
그는 나랑 결혼할 것을 내게 약속했다.

**27 retractarse**

(+de) 한 말을 취소하다.
Me retracto de lo dicho.
내가 얘기한 것을 취소 한다.

**28 romper**

깨다. 찢다.
Él rompió un plato.
그는 접시를 깼다.

**29 sortearse**
㈜ sorteo (nm) 추첨, 제비뽑기

추첨하다. 제비뽑기하다. (위험을) 교묘히 피하다.
Se sorteará un automóvil entre los participantes.
참가자들 사이에서 자동차 한대를 추첨하게 될 것이다.

**30 vestirse**
㈜ vestuario (nm) 의상, 탈의실

옷을 입다.
Después de desayunar, se viste y se prepara para salir.
아침식사 후에 옷을 입고, 나갈 준비를 한다.

## 08 듣기 필수 단어

| representación | nf. | 공연 |
| adaptación moderna | nf. | 현대적인 각색 |
| ópera | nf. | 오페라 |
| genial | adj. | 천재의, 천재적인 |
| montaje | nm. | (작품) 공연, 조립 |
| lleno(a) de | adj. | ~로 가득찬 |
| humor | nm. | 유머 |
| aventura | nf. | 모험 |
| solidaridad | nf. | 결속, 연대 |
| ciclo | nm. | 주기 |
| científico/a | nm,f. | 과학자 |
| escenografía | nf. | 무대디자인 |
| vestuario | nm. | 의류, 탈의실 |
| sorprendente | adj. | 놀라운, 경이로운 |
| diversión | nf. | 여흥, 볼거리, 오락 |
| función | nf. | 공연, 기능 |
| carrera | nf. | 전공, (직업) 이력, 경주 |
| paseo | nm. | 산책 |
| casco | nm. | 헬멧 |
| sorteo | nm. | 추첨, 제비뽑기 |
| papel | nm. | 역할, 종이 |
| estómago | nm. | 위 |
| consulta del médico | nf. | 의사 진찰, 진료실 |
| merienda | nf. | 간식 |
| barbacoa | nf. | 바베큐 |
| alfombra | nf. | 카펫 |
| contenedor | nm. | 쓰레기 수집용기 |
| beca | nf. | 장학금 |

| | | |
|---|---|---|
| nublado/a | adj. | 구름낀 |
| nieve | nf. | 눈 |
| pulsera | nf. | 팔찌 |
| joyería | nf. | 보석상점 |
| perfumería | nf. | 향수가게 |
| casita | nf. | 별장 |
| horario de reparto | nm. | 배달시간 |
| periodismo | nm. | 저널리즘 |
| dar una vuelta | loc.verb. | 한 바퀴 돌다 |
| a pie | loc.adv. | 걸어서 |
| reluciente | adj. | 빛나는, 번쩍이는 |
| grabadora | nf. | 녹음기 |
| generoso/a | adj. | 관대한 |
| culto/a | adj. | 교양이 있는 |
| inculto/a | adj. | 교양이 없는, 천박한 |
| educado/a | adj. | 교육을 잘 받은 |
| astuto/a | adj. | 교활한, 간사한 |
| nublo | nm. | 먹구름 |
| esclavo/a | nm,f. | 노예 |
| nacional | adj. | 국내의 |
| bonito/a | adj. | 귀여운,예쁜 |
| rubio/a | adj. | 금발의 |
| prohibido/a | adj. | 금지된 |
| positivo/a | adj. | 긍정적인 |
| docente | nm,f. | 교육자 |

# Día 9

1. **asomar(se)**
내밀다. 엿보다. (~se) 나타나다.
El niño **asoma** su cabeza por la ventana.
소년은 창쪽으로 그의 머리를 내밀었다.

2. **ayudar**
㉠ ayuda (nf) 도움
(+a) ~하는 것을 도와주다.
Este puede **ayudar a** diagnosticar el tipo de anemia que tiene.
이것은 당신이 가지고 있는 빈혈의 종류를 진단하는데 도움이 될 수 있다.

3. **botar**
㉞ tirar 던지다
내던지다. 버리다.
Quiero **botar** estos diarios viejos.
오래된 일기장들을 버리고 싶다.

4. **brillar**
㉞ lucir 빛나다
빛나다. 두드러지다.
Ella **brilla** por su simpatía.
그녀의 매력 때문에 그녀는 빛이 난다.

5. **cocer**
삶다. 찌다. (액체를) 끓이다.
¿Has **cocido** ya legumbre?
너는 콩을 벌써 삶았니?

6. **dar**
주다.
Mi mujer me **da** una corbata
내 아내는 나에게 넥타이를 준다.

    ※ darse cuenta de (que) : 을 알아차리다.
    **Me di cuenta de** que había una caja aquí.
    여기에 상자가 있다는 것을 알아 차렸다.

### 7 descolgar

수화기를 들다.
Descolgó el teléfono y marcó el número de su abuela.
그는 전화 수화기를 들고, 그의 할머니 번호를 눌렀다.

### 8 desconectar

전원을 끊다.
Mi padre desconecta la energía cuando no hay nadie aquí.
나의 아버지는 여기에 아무도 없으면 전원을 끊다.

### 9 dictar

받아쓰기를 시키다.
Ella dictó un texto para comprobar la ortografía de su hija.
그녀는 자기 딸의 철자를 확인하기 위해 텍스트를 받아쓰게 했다.

### 10 diferenciar
㊜ diferencia (nf) 차이

구별하다. 차이를 만들어내다.
Es solo el color lo que diferencia las dos casas.
두 집의 차이는 단지 색이다.

### 11 disminuir
㊂ reducir 줄이다

줄다.
Tengo que disminuir los gastos de la vida diaria
나는 생활비를 줄여야만 한다.

### 12 divorciarse
㊜ divorcio (nm) 이혼

(+de) 이혼하다.
Cuando el esposo se enteró de que su esposa le había sido infiel, decidió divorciarse de ella.
남편은 부인이 바람 피웠다는 것을 알게 되었을 때, 그녀와의 이혼을 결심했다.

### 13 emborracharse

취하다.
Se tomó dos copas y se emborrachó.
두 잔을 마셨고, 그는 취했다.

### 14 encajar
㊂ corresponder 상응하다

부합하다. 일치하다.
Un domingo de sol en el que nada encaja con mi estado de ánimo.
내 심정하고는 전혀 상관없는 따스한 일요일.

### 15 existir

존재하다. 생존하다.
Este libro proporciona una estructura que nunca antes existió.
이 책은 이전에는 없던 구조를 제공한다.

### 16 **extraer**

추출하다. 꺼내다.
El turista extrajo un mapa de su bolsillo.
관광객은 주머니에서 지도를 꺼냈다.

### 17 **festejar**
동 felicitar 축하하다.

축하하다.
Mi práctica fue cancelada, así que vine a festejar.
연습이 취소 되어서 나는 축하 하러 왔다.

### 18 **flotar**
동 sobrenadar 물위에 뜨다.

뜨다.
El aceite flota en el agua.
기름은 물에 뜬다.

### 19 **habitar**
동 poblar 거주하다
파 habitante (nm,f) 거주자

거주하다.
Una isla sin habitar.
거주하는 사람이 없는 섬.

### 20 **llenar(se)**

(+de) ~로 가득 채우다. (~se) +de 무엇으로 가득차다.
La sala se llenó de invitados.
거실은 방문객으로 가득 채워졌다.

### 21 **llevar(se)**

가져가다. (~se) 지니다.
Las mujeres usan generalmente el bolso para llevar dinero, documento, objetos de uso personal, etc.
일반적으로 여자들은 돈이나 서류, 개인 물건, 기타 등등을 가지고 다니기 위해 핸드백을 이용한다.
✳ llevar(se) a cabo : 시행하다

### 22 **ocultar**
동 esconder 숨기다
파 oculto/a (adj.) 숨은, 신비스러운

숨기다.
Elizabeth no ocultó su amor.
엘리자베스는 그의 사랑을 숨기지 못했다.

### 23 **pedir**
동 exigir 간청하다
파 pedido (nm) 주문서

요청하다.
Los niños me pidieron más pastel.
아이들은 나에게 케이크를 더 달라고 요청했다.

## 24 **pesar**
ⓟ peso (nm) 무게

무게를 달다.
**Pesa** cinco kilos.
5킬로가 나간다.

## 25 **rascar(se)**

(손톱으로) ~을 긁다. (~se) 자기 몸을 긁다.
Deja de **rascarte**.
몸 긁는 것을 중단해라.

## 26 **recordar**
ⓟ recuerdo (nm) 추억,기념품

생각해내다. 회상하다.
**Recuerdo** que estaba sentada con mis amigas en el teatro.
나는 극장에서 내 친구 옆에 앉아 있었던 것을 기억한다.

## 27 **relajar(se)**

느긋하게 하다. (~se) 긴장이 풀리다.
Una ducha **te relajará**.
샤워는 너를 느긋하게 해줄꺼야.

## 28 **remover**

휘젓다.
**Remueva** la ensalada.
샐러드를 섞으세요.

## 29 **revolver**

뒤지다. 뒤섞다.
**Revolvió** la tierra y plantó las semillas.
땅을 뒤집고, 씨를 심었다.

## 30 **ser**

~이다.
El concierto **es** en la plaza.
콘서트는 광장에서 열린다.

※ Ser동사는 주어가 reunión, concierto, boda 등과 같은 이벤트들이면 개최하다의 의미이다.

## 09 듣기 필수 단어

| | | |
|---|---|---|
| cámara desechable | nf. | 일회용카메라 |
| renombre | nm. | 명성, 평판 |
| aerolínea | nf. | 항공사 |
| compañía aérea | nf. | 항공사 |
| trayecto | nm. | 구간, 여정 |
| puntualidad | nf. | 시간엄수 |
| norma | nf. | 규범, 규칙 |
| habilitado/a | adj. | 자격이 있는 |
| socorrista | nm,f. | 인명구조대원 |
| colaboración | nf. | 협력 |
| rodaje | nm. | 촬영 |
| receta | nf. | 처방전, 요리레시피 |
| sociocultural | adj. | 사회문화의 |
| actividad diurna | nf. | 주간 활동 |
| fluidez | nf. | 유창함 |
| capacidad comunicativa | nf. | 소통능력 |
| actividad extraescolar | nf. | 교외 활동 |
| gimnasio | nm. | 체육관 |
| ausente | nm,f. | 결석자, 결근자 |
| apartado/a | adj. | 먼, 외떨어진 |
| aterrorizador/a | adj. | 공포에 질린 채 |
| mantener en tensión | loc.verb. | 긴장을 유지하다 |
| dibujos animados | nm.pf | 애니메이션 |
| panadero/a | nm,f. | 제빵사 |
| infancia | nf. | 유년기, 어린이 |
| chimpancé | nm. | 침팬지 |
| antropólogo/a | nm,f. | 인류학자 |
| impresionante | adj. | 인상적인 |

| | | |
|---|---|---|
| coraje | nm. | 용기, 화 |
| por completo | loc.adv. | 완전히 |
| león/a | nm,f. | 사자 |
| zoológico | nm. | 동물원 |
| café cortado | nm. | 우유가 약간 들어 있는 커피 |
| café con leche | nm. | 밀크커피 |
| pastel | nm. | 케이크 |
| plátano | nm. | 바나나 |
| decorado | nm. | 장식, 무대장치 |
| principalmente | adv. | 우선, 주로 |
| autorretrato | nm. | 자화상 |
| estilo inspirado | nm. | 독창적인 스타일 |
| relajante | adj. | 긴장을 풀게하는 |
| nervioso/a | adj. | 긴장한 |
| profundo/a | adj. | 깊은, 심층의 |
| áspero/a | adj. | 까칠한 |
| flaco/a | adj. | 깡마른 |
| limpio/a | adj. | 깨끗한 |
| despierto/a | adj. | 깨어난, 똑똑한 |
| frágil | adj. | 깨지기쉬운 |
| minucioso/a | adj. | 꼼꼼한 |
| ficticio/a | adj. | 꾸며낸, 거짓의 |
| constante | adj. | 끊임없는, 일정한 |
| malo/a | adj. | 나쁜 |
| simple | adj. | 단순한, 간단한 |

# Día 10

1. **acordar(se)**
   ⓟ acuerdo (nm) 동의

   합의하다. (~se)+de ~을 기억하다.
   **Ella no se acuerda de eso.**
   그녀는 그것을 기억하지 못한다.

2. **aguantar**
   ⓢ tolerar 견디다

   견디다.
   **No puedo aguantarlo.**
   나는 그것을 견딜수가 없어.

3. **aspirar**
   ⓟ aspirante (nm,f) 지원자

   (+a) ~을 열망하다.
   **Aspira a ganar el concurso.**
   그는 대회에서 이기기를 열망한다.

4. **calentar**
   ⓟ calor (nm) 더위, 열

   뜨겁게하다.
   **Calienta un poco el agua.**
   물 조금만 데워줘

5. **cambiar**
   ⓟ cambio (nm) 변화, 교환

   변경하다. (+por) (무엇과) 교환하다.
   **Cambié mi reloj por el suyo.**
   내 시계를 그의 것과 바꿨다.

6. **casarse**
   ⓟ casado/a (adj.) 결혼한

   (+con) 결혼하다.
   **Se casa con un extranjero**
   그녀는 외국인과 결혼하다.

**7 ceder**

양보하다. 양도하다.
Cede el paso.
길을 양보하다.

**8 colar**
⑧ filtrar 여과하다

여과하다.
Prefiero moler y colar mi propio café que usar el instantáneo.
즉석커피보다 나만의 커피를 갈아서 내려 먹는 것을 선호한다.

**9 concertar**

약속하다.
Concerta una cita con un experto.
그는 전문가와 약속을 한다.

**10 corresponder**

(+a) 대응하다. 상응하다.
Este horario corresponde a la hora local.
이 시각은 현지 시간이다.

**11 describir**
㊟ descripción (nf) 묘사

서술하다. 묘사하다.
Cada país describió sus problemas y destacó sus actividades importantes.
각 국은 자국의 문제를 설명하고, 주요 활동들을 강조했다.

**12 desordenar**

어지럽히다.
No desordenes tu habitación.
너의 방을 어지럽히지 마라.

**13 enamorarse**

(+de) 반하다. ~와 사랑에 빠지다.
Me enamoré de una española.
나는 한 스페인 여성에게 반했다.

**14 enchufar**

(전기 기구) 플러그를 꽂다.
Enchufa la plancha.
다리미 플러그를 꽂아라.

**15 esmerarse**

(+en) 정성들여(꼼꼼히) 하다.
Él se esmera en la limpieza.
그는 청소를 꼼꼼히 한다.

**16 gastar**
㉺ gasto (nm) 소비, 낭비

사용하다. 낭비하다.
Si debes gastar dinero, gástalo útilmente.
돈을 써야 한다면, 쓸모있게 돈을 써라.

**17 gritar**
㉺ grito (nm) 외침

소리지르다.
No me importa si gritas.
너가 소리치든 말든 나는 상관 없다.

**18 instalar(se)**
㉺ instalación (nf) 설치
instalaciones (복수) 시설

설치하다. (~se) 정착하다.
Ellos se instalaron en Seúl.
그들은 서울에 정착했다.

**19 intervenir**

간섭하다. 중재하다.
Siempre intervenía en los asuntos ajenos.
그는 항상 남의 일에 참견하곤 한다.

**20 oler**
㉺ olfato (nm) 후각

(+a) 냄새가 나다.
Dicen que el suelo de Chad huele a petróleo.
차드 땅에서 석유 냄새가 난다고 사람들이 말한다.

**21 oponerse**

(+a) 반대하다.
Ellos se oponen a la boda de su hija.
그들은 딸의 결혼을 반대하고 있다.

**22 peinarse**
㉺ peine (nm) 빗

(머리를) 빗다.
Me maquillo y me peino el pelo.
나는 화장을 하고 머리를 빗는다.

**23 prescindir**
㉺ desprender 떼어내다. 벗기다

(+de) 무엇을 떼어내다.
No puedo prescindir de su ayuda.
너의 도움 없이는(떼어놓고는) 할 수 없다.

**24 regresar**
㉺ volver 돌아오다
㉺ regreso (nm) 귀환

돌아오다.
Él regresó a casa por primera vez en diez años.
그는 10년만에 처음으로 집에 돌아왔다.

**25 reír(se)**
동 sonreír 미소짓다

웃다. (~se) + de 비웃다.
Usted se ríe de mis chistes.
당신은 내 농담에 웃는다.

**26 rogar**
동 exigir 간청하다

간청하다.
Te ruego que me ayudes con este asunto.
이 문제에 대해 도와줄 것을 너에게 간청한다.

**27 sonreír**
관 sonrisa (nf) 미소

미소짓다.
Hace mucho tiempo que me cuesta sonreír.
미소짓는게 힘든지 오래되었다.

**28 terminar**
동 acabar 끝내다

끝내다.
Terminamos el desayuno a las 8 de la mañana ayer.
어제 우리는 오전 8시에 아침 식사를 끝냈다.

**29 trasladar(se)**

이동시키다. (~se) 이사하다.
Trasladamos los muebles a otra habitación.
우리는 가구들을 다른 방으로 옮겼다.

**30 vaciar(se)**
관 vacío/a (adj) 비어있는

비우다. (~se) (무엇이) 비다.
¿Puedes vaciar el cubo de la fregona?
대걸레통을 비워줄 수 있니?

## 10 듣기 필수 단어

| | | |
|---|---|---|
| fantasía | nf. | 환상 |
| arte popular | nm. | 대중예술 |
| gravemente | adv. | 대단히, 중대하게 |
| herida | nf. | 상처 |
| accidente de tráfico | nm. | 교통사고 |
| recuperación | nf. | 회복 |
| realista | nm,f. | 현실주의자 |
| intensidad | nf. | 격렬함, 강렬 |
| surrealista | nm,f. | 초현실주의자 |
| muralista | nm,f. | 벽화가 |
| ceniza | nf. | 재 |
| por escrito | loc.adv. | 서면으로 |
| cocinero/a | nm,f. | 요리사 |
| lechuga | nf. | 상추 |
| zanahoria | nf. | 당근 |
| campeonato | nm. | 우승, 선수권대회 |
| patinaje artístico | nm. | 피겨스케이팅 |
| pez | nm. | 물고기 |
| mariposa | nf. | 나비 |
| pato/a | nm,f. | 오리 |
| ordenador portátil | nm. | 노트북 |
| impresora | nf. | 프린터 |
| aparato | nm. | (가정용) 기구 |
| vuelo | nm. | 비행, 비행편 |
| debido a | loc.prep. | ~때문에 |
| tormenta | nf. | 태풍, 폭풍우 |
| equipaje | nm. | 여행용 짐, 수화물 |
| piscina climatizada | nf. | 온수풀 |

| | | |
|---|---|---|
| aparcamiento | nm. | 주차장 |
| coste adicional | nm. | 추가 비용 |
| indicio | nm. | 단서, 징조 |
| marisco | nm. | 해산물 |
| en crudo | loc.adv. | 날것으로 |
| limón | nm. | 레몬 |
| perejil | nm. | 파슬리 |
| ceviche | nm. | 세비체(페루전통음식) |
| calamar | nm. | 오징어 |
| marinero | nm. | 선원 |
| semejante | adj. | 유사한 |
| ingrediente | nm. | 원재료 |
| batata | nf. | 고구마 |
| optimista | nm, f. | 낙천주의자 |
| antiguo/a | adj. | 낡은, 고대의, 오랜 |
| machista | nm,f. | 남성우월주의자 |
| abusivo/a | adj. | 남용하는 |
| bajo/a | adj. | 낮은, 키가 작은 |
| introvertido/a | adj. | 내향적인 |
| frío/a | adj. | 냉담한, 추운 |
| cínico/a | adj. | 냉소적인 |
| duro/a | adj. | 냉혹한, 무정한 |
| amplio/a | adj. | 넓은 |
| lógico/a | adj. | 논리적인 |
| alto/a | adj. | 높은, 키가 큰 |
| movido/a | adj. | 눈코 뜰 새 없는, 분주한 |

# Ejercicio 02

**적절한 단어를 골라 봅니다.**

01  María es _____ a la música cubana.

마리아는 쿠바음악 팬이다.

① aficionada  ② amante

02  ¿Qué clase de comida usted _____ ?

어떤 종류의 음식을 섭취하나요?

① ingiere  ② digiere

03  _____ ir al cine cada domingo.

일요일마다 극장에 가곤했었다.

① solía  ② acostumbraba

04  ¿No sabes cuándo van a _____ la nueva película de fantasía?

판타지아 영화가 언제 개봉하는지 모르니?

① entrenar  ② estrenar

05  Me gustaría _____ a todos los padres por su ayuda.

그들의 도움에 대해 모든 부모들에게 감사를 전하고 싶다.

① agradecer  ② gracias

06  Me _____ las llaves.

내게 열쇠들을 건네줬다.

① entregó  ② recibió

**07** Gracias a las personas que participaron en _____.

경품행사에 참여한 사람들에게 감사합니다.

① el sorteo　　　　　② la subasta

**08** Una isla sin _____.

거주하는 사람이 없는 섬.

① habitar　　　　　② alejar

**09** ¿Ella no _____ de eso?

그녀는 그것을 기억하지 못하니?

① recuerda　　　　　② se acuerda

**10** Te _____ que me ayudes con este asunto.

이 문제에 대해 도와줄 것을 너에게 간청할게.

① ruego　　　　　② recomiendo

### 동의어 찾기

| | | | | |
|---|---|---|---|---|
| moverse | ① | | Ⓐ | acercarse |
| habitar | ② | | Ⓑ | poblar |
| aproximarse | ③ | | Ⓒ | trasladarse |
| disfrutar | ④ | | Ⓓ | dominar |
| conquistar | ⑤ | | Ⓔ | gozar |

● 적절한 단어를 골라 봅니다 1 ① 2 ① 3 ① 4 ② 5 ① 6 ① 7 ① 8 ① 9 ② 10 ① ● 동의어찾기 ①-Ⓒ ②-Ⓑ ③-Ⓐ ④-Ⓔ ⑤-Ⓓ

# Día 11

1. **abrasar**
   ⑪ abrasador 타는 듯한

   (혹서나 혹한으로) 마르게 하다.
   El sol abrasó los campos.
   태양으로 들판이 바싹 말랐다.

2. **absorber**

   흡수하다.
   Las raíces absorben los elementos nutritivos de la tierra.
   뿌리는 땅으로부터 영양소를 빨아들인다.

3. **aclarar**

   분명히 밝히다. 밝게 하다.
   Es importante aclarar las dudas.
   궁금한 점을 명확히 밝히는 것이 중요하다.

4. **afectar**
   ⑤ perjudicar 해를 끼치다

   (+a) 영향을 미치다.
   La sequía no solo afecta a las personas, sino también a los animales.
   가뭄은 인간뿐만 아니라 동물에게도 영향을 끼친다.

5. **alternar**

   (+con) 교대로 하다.
   La estación de lluvias alterna con la estación seca.
   우기와 건기가 번갈아가며 있다.

6. **aparecer**

   나타나다.
   El sol apareció entre las nubes.
   태양은 구름사이로 나타났다.

### 7 arrancar

뿌리채 뽑다. 시작하다. 엔진시동을 걸다.
El concierto arrancó aproximadamente una hora más tarde de lo previsto.
콘서트는 예정보다 약 한 시간 늦게 시작되었다.

### 8 asustarse

두려움으로 놀라다.
¡No te asustes! Son solo truenos.
놀라지 마라. 천둥일뿐이다.

### 9 atreverse

(+a) 감히 ~하다.
No me atrevo a pedirte ese favor.
감히 너에게 그 부탁을 못하겠다.

### 10 brotar

(식물이) 발아하다.
Los árboles brotan en la primavera.
나무는 봄에 꽃이 핀다.

### 11 caerse
파 caída (nf) 낙하, 붕괴

넘어지다. 떨어지다.
El chico resbaló y se cayó.
그 남자아이는 미끄러져서 넘어졌다.

✱✱ caer bien : ~을 좋아하다. (역구조 동사로 쓰임)
Me llevo bien con María pero no me cae bien.
나는 마리아와 잘 지내지만, 나는 그녀를 좋아하지 않는다.

### 12 contestar
동 responder 대답하다

대답하다.
Contestó que no podía.
그는 할 수 없다고 대답했다.

### 13 continuar
동 seguir 계속하다
파 continuación (nf) 연속

계속하다.
Continúa lloviendo.
계속 비가 내리고 있다.

✱✱ continuar + 현재분사 : 계속해서~을 하고 있다.
(=seguir + 현재분사)

### 14 convertirse
동 transformarse ~로 바뀌다

(+en) 로 (성질이) 바뀌다.
La zona se convirtió en un desierto.
그 지역은 사막으로 바뀌었다.

### 15 **cubrir**
⑤ tapar 덮다

덮다.
Las nubes cubren el cielo.
구름이 하늘을 덮고 있다.

### 16 **desfilar**
⑩ desfile 행렬

행진하다. 줄지어 가다.
Las hormigas desfilaban por el jardín.
개미들이 정원 쪽으로 줄지어 가고 있었다.

### 17 **discurrir**
⑤ transcurrir (시간이) 경과하다

(시간이) 흐르다. 생각해내다.
Las horas discurrieron muy despacio hasta que el cirujano nos dijo que todo había salido bien.
외과의사가 모든 것이 성공적 이었다고 얘기할 때까지 시간은 아주 천천히 흘렀다.

### 18 **encantar**

무척 좋아하다.
Me encantó la hermosura y la grandiosidad de las cataratas de Iguazú.
나는 이과수 폭포의 아름다움과 웅대함을 아주 좋아했다.

### 19 **fijarse**

(+en) 에 주목하다. 시선을 쏟다.
¡Fíjate en lo que te digo!
너에게 하는 말을 잘 들어봐.

### 20 **fluir**

솟아나다. 흘러나오다.
La energía del alma puede fluir a través de todo.
영혼의 에너지는 모든 것을 통해 흘러 나올 수 있다.

### 21 **infiltrarse**

스며들다.
Después de la tormenta, el agua se ha infiltrado por el tejado.
태풍 후에 지붕으로 물이 새어 들어 왔다.

### 22 **marcar**
⑩ marca (nf) 브랜드

표시하다. 가리키다.
Tenemos que marcar la hora de llegada de los participantes.
우리는 참석자들의 도착 시간을 표시해야만 한다.

### 23 **merendar**

간식을 먹다.
¿Merendamos a las 4 de la tarde?
우리는 4시에 간식을 먹나요?

### 24 picar
찌르다.
Me picó un mosquito.
나는 모기에 물렸다.

### 25 poblar(se)
동 habitar 거주하다

거주하다. (~se) + de 가득차다.
La zona se pobló de aves tropicales.
그 지역은 열대 조류로 가득 찼다.

### 26 reaccionar
(+a) ~에 반응하다.
Ella no reacciona a nada, excepto a este anillo.
그녀는 이 반지외에 다른것에는 전혀 반응하지 않는다.

### 27 reconocer
인지하다. 인정하다.
No te había reconocido.
너를 알아보지 못했다.

### 28 sobresalir
두드러지다. 돌출하다.
La torre de la iglesia sobresale entre todas las casas del pueblo.
교회 탑이 마을의 모든 집들 가운데 돌출 되어 있다.

### 29 temblar
흔들리다. 진동하다.
Tembló la tierra por el terremoto.
지진으로 땅이 흔들렸다.

### 30 teñir
염색하다.
Tiene poca elasticidad y es fácil de teñir.
신축성이 적어서 염색하기 쉽다.

## 11 듣기 필수 단어

| | | |
|---|---|---|
| maíz | nm. | 옥수수 |
| salado/a | adj. | 짠 |
| oliva virgen | nf. | 순수 천연 올리브 |
| árabe | adj. | 아랍의 |
| | nm,f. | 아랍인 |
| ácido/a | adj. | 신맛이 나는 |
| agrio/a | adj. | 신맛이 나는 (맛이 갔을때 나는 신맛) |
| singularidad | nf. | 특이성 |
| cualificado/a | adj. | 자격이 있는 |
| día festivo | nm. | 휴일 |
| reforma | nf. | 개축 |
| construcción | nf. | 건축 |
| autovía | nf. | 자동차전용도로 |
| cochera | nf. | 주차장 |
| transportista | nm,f. | 트럭운전기사 |
| mercancía | nf. | 상품, 화물열차 |
| índice | nm. | 지수, 색인 |
| caldera | nf. | 보일러 |
| esporádico/a | adj. | 때때로 발생하는 |
| importe | nm. | 금액 |
| lector/a | nm,f. | 독자 |
| círculo | nm. | 원형 |
| motivo | nm. | 이유 |
| con motivo de | loc.prep. | ~을 계기로 |
| esfera | nf. | 범위, 구체 |
| catalogado/a | adj. | 분류한 |
| emitido/a | adj. | 발행한, 방출한 |
| instrumento de percusión | nm. | 타악기 |

| | | |
|---|---|---|
| ventajoso/a | adj. | 유리한, 이로운 |
| arqueología | nf. | 고고학 |
| papelería | nf. | 문방구 |
| cartel | nm. | 포스터 |
| postal | nf. | 우편엽서 |
| inaugural | adj. | 개회식의 |
| revolución | nf. | 혁명 |
| folclórico/a | adj. | 민속학적인 |
| continente | nm. | 대륙 |
| eficiente | adj. | 효과적인, 효율이 좋은 |
| cita | nf. | 약속 |
| cerámica | nf. | 도자기 |
| tesis doctoral | nf. | 박사논문 |
| relajado/a | adj. | 느긋해진 |
| lento/a | adj. | 느린 |
| flojo/a | adj. | 느슨한 |
| viejo/a | adj. | 늙은 |
| siguiente | adj. | 다음의 |
| tierno/a | adj. | 연한, 부드러운 |
| gradual | adj. | 점진적인 |
| sencillo/a | adj. | 단순한 |
| decidido/a | adj. | 단호한, 결심한 |
| cerrado/a | adj. | 닫힌 |
| dulce/a | adj. | 달콤한 |
| atrevido/a | adj. | 대담한 |
| menor | adj. | (~보다) 더 작은 |

# Día 12

1. **abandonar(se)**
   ㉺ abandono (nm) 포기

   포기하다. 버리다. (~se) 자포자기하다.
   Abandonó la carrera en el tercer año.
   그는 3학년 때 전공을 포기했다.

2. **admirarse**
   ㉺ admirable 감탄할 만한

   (+de, por) 감탄하다.
   Nos admiramos de las estrellas que radian en el cielo de noche.
   우리는 밤 하늘에 빛나는 별에 감탄한다.

3. **atacar**
   ㉺ ataque (nm) 공격

   공격하다. 상하게 하다.
   El león atacó al turista.
   사자가 관광객을 공격했다.

4. **basarse**

   (+en) ~에 근거를 두다.
   Sus buenos resultados en el estudio se basan en una memoria maravillosa.
   학업에서의 그의 좋은 결과는 놀랄만한 기억력에 근거한 것이다.

5. **componer(se)**
   ㉺ compositor/a (nm,f) 작곡가

   작곡하다. (~se) + de ~로 구성되어 있다.
   Europa se compone de países pequeños.
   유럽은 작은 나라들로 구성되어 있다.

### 6 contaminar
- 동 polucionar 오염시키다
- 파 contaminación 공해

오염시키다.
¿Qué es lo que contamina el aire?
공기를 오염시키는 것은 무엇인가?

### 7 costar
- 파 costo (nm) 비용, 원가

비용이 들다. 힘이 들다.
¿Cuánto cuesta?
얼마인가요?

※ costar + inf. ~하는데 힘이 들다. (역구조 동사로 쓰이기도 한다)
Me cuesta aprender español.
나는 스페인어 배우는 게 힘이 든다.

### 8 debilitar

약화시키다.
Este escándalo puede debilitar al ministro.
이 스캔들은 장관의 입지를 약화시킬수 있다.

### 9 defender
- 파 defensa (nf) 방어

지키다. 보호하다.
Nuestra nación debe defender la santidad del matrimonio
우리 국가는 결혼의 신성함을 지켜야만 한다.

### 10 desprender

(고정되어 있는 것이나 붙어있는 것을) 벗기다. 떼다.
La humedad desprendió la pintura de las paredes.
습기로 벽의 페인트가 떨어졌다.

### 11 destruir
- 파 destrucción (nf) 파괴

파괴하다.
La sequía destruyó la civilización maya.
가뭄이 마야문명을 파괴하였다.

### 12 disimular

숨기다. 감추다.
Un buen padre no disimula las faltas de los hijos.
좋은 아버지는 자식들의 과오를 묵인하지 않는다.

### 13 distraer

마음(관심)을 딴 데로 돌리다.
Distraigo al niño que lloraba con un juguete.
나는 울고 있는 아이의 관심을 장난감으로 딴 데로 돌린다.

델레 B1 **89**

### 14 enfriar(se)

식히다. (~se) 식다.
El agua tibia se enfría rápido.
미지근한 물은 빠르게 식는다.

### 15 exagerar

과장하다.
Las madres exageran cuando hablan de las virtudes de su hijos.
엄마들은 아이들의 장점에 대해 얘기 할때는 과장해서 얘기한다.

### 16 guardar
유 guardia (nf) 감시, 경비

보관하다.
Esta caja guarda documentos muy antiguos.
이 상자는 아주 오래된 문서들을 보관하고 있다.

### 17 implicar
동 involucrar 끌어들이다

관련시키다. 의미하다. 포함시키다.
La protección del medio ambiente implica sacrificios.
환경보호는 희생을 수반한다.

### 18 incluir

포함시키다.
El precio incluye desayuno y cena en el hotel.
이 가격은 호텔에서의 아침과 저녁이 포함되어 있다.

### 19 internar

(병원에) 입원시키다.
Lo internaron en el hospital.
그들은 그를 병원에 입원시켰다.

### 20 mojar(se)
유 mojado/a (adj.) 젖은, 습한

적시다. (~se) 젖다.
La lluvia nos mojó de pies a cabeza.
비는 우리를 발부터 머리까지 적셨다.

### 21 olvidarse
유 olvidado (nm,f) 망각

(+de) ~에 대해 잊다.
No te olvides de escribirme la tarjeta postal.
나한테 엽서 보내는 것을 잊어버리지 마.

### 22 proporcionar
동 ofrecer 제공하다

제공하다.
Proporcionamos el material necesario a los alumnos.
우리는 학생들에게 필요한 자료를 제공한다.

### 23 **protestar**

(+contra, por) 항의하다.
Los alumnos protestaron por el castigo.
학생들은 체벌에 대해 항의했다.

### 24 **reciclar**
(동) reutilizar 재사용하다

재활용하다.
Corea del Sur recicla muy bien el material plástico.
한국은 플라스틱 재활용을 아주 잘한다.

### 25 **recoger**

(무엇을, 누구를) 찾으러 가다.
Hoy voy a recoger mi libro de español.
오늘 나는 스페인어 책 가지러 갈 것이다.

### 26 **reflexionar**
(동) considerar 숙고하다

심사숙고하다.
Reflexiona antes de tomar una decisión.
결정을 하기 전에 심사숙고 해라.

### 27 **relacionarse**
(파) relacionado/a (adj) 관계가 있는

(+con) 관련이 있다.
La física se relaciona con las matemáticas.
물리는 수학과 관련이 있다.

### 28 **restar**

공제하다. 제거하다.
A esa cantidad réstale los gastos de envío.
그 금액에서 배송비를 제외해라.

### 29 **seguir**

따르다.
La cría sigue a su madre para sobrevivir.
새끼는 생존하기 위해 어미를 따른다.

※ seguir + 현재분사 : 계속 ~ 하고 있다
　Sigo estudiando español.　나는 계속 스페인어를 공부하고 있다.

### 30 **sentir(se)**
(파) sentimiento (nm) 감정, 정서

느끼다.
Me siento feliz.
나는 행복하다.

## 12 듣기 필수 단어

| | | |
|---|---|---|
| encantador/a | adj. | 매혹적인 |
| conocedor/a | adj. | 정통한 |
| cultura azteca | nf. | 아스텍 문화 |
| catedral | nf. | 성당 |
| pila | nf. | 건전지 |
| solar | adj. | 태양의 |
| estival | adj. | 여름의 |
| barrera | nf. | 장벽 |
| crema de protección solar | nf. | 썬크림 |
| deshidratación | nf. | 탈수 |
| beneficioso/a | adj. | 유익한 |
| crecimiento | nm. | 성장 |
| espectacular | adj. | 눈부신, 장관인 |
| delfín | nm. | 돌고래 |
| cultura maya | nf. | 마야문명 |
| colonial | adj. | 식민지의 |
| doña | nf. | 여사 |
| razón | nf. | 이유 |
| sabor | nm. | 맛 |
| grano | nm. | 낟알, 곡물 |
| extraordinario/a | adj. | 유별난, 특별한 |
| de lujo | loc.adj. | 고급의 |
| terreno | nm. | 토지 |
| estado de conservación | nm. | 보존 상태 |
| urbanización | nf. | 신흥주택지, 도시화 |
| lujoso/a | adj. | 사치스러운 |
| costa | nf. | 해변 |
| centro de equitación | nm. | 승마센터 |

| | | |
|---|---|---|
| sueldo | nm. | 월급 |
| propina | nf. | 팁 |
| particular | adj. | 특별한, 개인의 |
| matemáticas | nf.pl | 수학 |
| física | nf. | 물리학 |
| química | nf. | 화학 |
| frigorífico | nm. | 냉장고 |
| | adj. | 냉장의 |
| nota | nf. | 메모, 성적 |
| raza | nf. | 인종 |
| largometraje | nm. | 장편영화 |
| cortometraje | nm. | 단편영화 |
| masculino/a | adj. | 남성의 |
| mayor | adj. | 더 큰, 나이가 더 많은, 성인의 |
| sucio/a | adj. | 더러운 |
| cálido/a | adj. | 더운, 따뜻한 |
| cubierto/a | adj. | 덮힌 |
| mortal | adj. | 치명적인 |
| independiente | adj. | 독립적인 |
| original | adj. | 독창적인, 본래의 |
| raro/a | adj. | 드문, 진귀한 |
| listo/a | adj. | 준비된, 똑똑한 |
| gordo/a | adj. | 뚱뚱한 |
| extraordinario/a | adj. | 뛰어난, 유별난 |
| caliente | adj. | 뜨거운 |
| insatisfecho/a | adj. | 만족하지 못한 |

# Día 13

1. **abarcar**
   ⑤ contener 포함하다

   포함하다.
   El libro abarca la historia de Corea.
   책은 한국의 역사를 포함하고 있다.

2. **acabar**
   ⑤ concluir 끝내다

   끝내다. 완성하다.
   Todavía no ha acabado el primer plato.
   아직 첫 번째 요리를 끝내지 못했다.

   ※ acabar + 현재분사 : 결국 ~하다.
   ※ acabar + de + inf. : 방금 ~을 했다.

3. **adueñarse**
   ⑤ quedarse con
   자기것으로 하다

   (+de) 자기것으로 만들다.
   Se adueñó de la mejor mesa.
   그는 가장 좋은 책상을 자기것으로 했다.

4. **analizar**

   분석하다.
   Todavía no ha analizado los resultados de la encuesta.
   아직 그는 설문 결과를 분석하지 못했다.

5. **atraer**
   ㉺ atracción (nf) 매력
   atractivo/a (adj) 매력적인

   끌어당기다.
   La asistencia de personajes famosos atrajo a una gran cantidad de público.
   유명한 인사들의 참가는 상당히 많은 대중을 끌어 모았다.

### 6 comprobar
⑤ confirmar 확인하다

확인하다. 증명하다.
¿Podrías comprobar a qué hora sale el tren?
너는 기차가 몇시에 출발하는지 확인해줄 수 있니?

### 7 desconocer
㉾ desconocido/a (adj) 모르는

모르다. 알아보지 못하다.
Con ese peinado, te desconozco.
그런 머리 스타일이라, 너를 알아 보지 못한다.

### 8 devolver
㉾ devolución (nf) 반환

돌려 주다.
Si no queda satisfecho, le devolvemos el dinero.
만족하지 않는다면, 당신에게 돈을 돌려 드리겠습니다.

### 9 empezar
⑤ emprender 착수하다. 개시하다

시작하다.
En Corea la escuela empieza en marzo.
한국에서는 학교가 3월에 시작한다.

### 10 emplear
㉾ empleado/a (nm,f) 직원

사용하다.
Empleó mucho tiempo en leer el libro.
책을 읽는데 많은 시간을 썼다.

### 11 esforzarse
㉾ esfuerzo (nm) 노력

(+por,en) ~을 위해 노력하다.
Me esforcé por ayudarlos.
그들을 도와주기 위해 노력 했다.

### 12 evaluar

평가하다.
Los profesores evalúan a sus alumnos una vez al mes.
선생님들은 한달에 1번씩 학생들을 평가한다.

### 13 faltar

부족하다. (+a) 에 결석하다.
No podemos faltar a la escuela en semana de exámenes.
우리는 시험 주간에는 학교에 결석할 수 없다.
✱ hacer falta : 필요하다.

### 14 grabar

녹음하다. 기록하다. (마음에) 새겨넣다.
No te preocupes, es solo para grabar lo que sucede aquí.
걱정하지 마라, 단지 여기서 일어난 일을 기록하기 위한 것이다.

## 15 haber

있다.

¿Has estado en Lima?
너는 리마에 있었던 적이 있니?

## 16 habilitar

(+para) (장소로) 사용하게 하다.

Habilitó el desván para el cuarto de huéspedes.
다락방을 손님 방으로 사용했다.

## 17 impartir

(지식을) 전하다.

El sitio web se emplea para impartir enseñanza a distancia.
이 웹사이트는 원격으로 가르치는 데 사용된다.

## 18 informar(se)

(+de) ~에 대해 알리다. (~se) 정보를 수집하다.

¿Me podría informar de los horarios de trenes a Barcelona?
바르셀로나로 가는 기차 시간표에 대한 정보를 얻을 수 있나요?

## 19 iniciar

시작하다. 개시하다.

El profesor inició la clase a las diez.
교수는 열시에 수업을 시작했다.

## 20 lograr

동 conseguir 달성하다. 성취하다

성취하다. (+동사원형) 결국~하다

Logró aprobar el examen.
그는 결국 시험에 합격했다.

※ lograr + inf. : 하기에 이르다.

## 21 ocurrir(se)

(일이) 일어나다. (~se) (생각이) 떠오르다.

Se me ha ocurrido una buena idea.
내게 좋은 생각이 떠올랐다.

## 22 pagar

파 paga (nf) 지불

지불하다.

Los jubilados pagan el 10% de los medicamentos.
은퇴자들은 약값의 10%를 낸다.

## 23 promover

장려하다. 승진하다.

Tenemos diversas actividades para promover la lectura.
우리는 독서를 장려하기 위한 다양한 프로그램을 가지고 있다.

### 24 representar
유 representación (nf) 공연, 표현

표현하다. 공연하다. 대표하다.
Dalí representa perfectamente el surrealismo.
달리는 초현실주의를 완벽히 표현한다.

### 25 reproducir

재생하다. 재현하다.
La novela reproduce fielmente la atmósfera del período.
소설은 그 시대의 분위기를 충실히 재현하고 있다.

### 26 sacar

꺼내다.
Debemos sacar la basura.
우리는 쓰레기를 치워야 합니다.
※ sacar a la luz : 출간하다.

### 27 situar(se)
통 ubicar 배치하다.

배치하다. (~se) 에 위치하다.
El arquitecto situó la fuente en el centro de la plaza.
건축가는 광장 중앙에 분수를 두었다.

### 28 soñar
유 sueño (nm) 꿈

(+con) 꿈꾸다.
Cuando era niño, soñaba con ser marinero.
어렸을 때, 나는 선원이 되고 싶었다.

### 29 suspender

낙제시키다.
Si mi hijo no estudia nada. es natural que lo suspendan.
내 아들이 공부를 전혀 하지 않으면, 그를 낙제시키는 것은 당연하다.

### 30 variar
유 variedad (nf) 다양성

변경하다. 바뀌다.
Ha variado la disposición de la mesa.
그는 책상의 위치를 바꿨다.

# 13 듣기 필수 단어

| | | |
|---|---|---|
| argumento | nm. | 논쟁 |
| circunstancia | nf. | (주변의) 상황 |
| profundo/a | adj. | 깊은 |
| político/a | adj. | 정치의 |
| polaroid | nf. | 폴라로이드 카메라 |
| económico/a | adj. | 경제의 |
| social | adj. | 사회의 |
| frustrado/a | adj. | 좌절한, 실망한 |
| éxito | nm. | 성공 |
| aparición | nf. | 출현 |
| caluroso/a | adj. | 더운, 뜨거운 |
| pareja | nf. | 파트너, 커플, 부부 |
| diferencia | nf. | 차이 |
| final | nm. | 끝, 결말 |
| | nf. | 결승전 |
| biólogo/a | nm,f. | 생물학자 |
| historiador/a | nm,f. | 역사가 |
| ascensor | nm. | 엘리베이터 |
| corredor/a | nm,f. | 달리는 사람 |
| comentarista | nm,f. | 해설자, 평론자 |
| cuaderno | nm. | 공책 |
| decorador/a | nm,f. | 실내장식가 |
| comedor | nm. | 주방 |
| dormitorio | nm. | 방 |
| cuarto de baño | nm. | 욕실 |
| bañera | nf. | 욕조 |
| ducha | nf. | 샤워기 |
| documentación | nf. | 서류, 증명서 |

| | | |
|---|---|---|
| pasaporte | nm. | 여권 |
| huerta | nf. | 과수원 |
| vegetariano/a | nm,f. | 채식주의자 |
| tarjeta | nf. | 카드, 명함 |
| despistado/a | adj. | 덜렁거리는 |
| centro comercial | nm. | 쇼핑몰 |
| puesto de trabajo | nm. | 직위, 일자리 |
| ventaja | nf. | 장점 |
| tiempo | nm. | 기후, 시간 |
| cerdo | nm. | 돼지 |
| hielo | nm. | 얼음 |
| violín | nm. | 바이올린 |
| bufanda | nf. | 머플러 |
| sombrero | nm. | 모자 |
| contento/a | adj. | 만족한 |
| despejado/a | adj. | 맑은, 쾌청한 |
| delicioso/a | adj. | 맛있는 |
| lejano/a | adj. | 먼, 까마득하게 오랜 |
| alegre | adj. | 명랑한 |
| obvio/a | adj. | 명백한 |
| desconocido/a | adj. | 모르는 |
| tonto/a | adj. | 모자란, 분별력이 없는 |
| pesado/a | adj. | 무거운, 따분한 |
| despreocupado/a | adj. | 걱정이 없는 |
| indiferente | adj. | 무관심한, 냉담한 |
| grosero/a | adj. | 조잡한, 무례한 |
| descortés | adj. | 무례한, 버릇없는 |

# Día 14

**1 aceptar**
㉾ aceptación (nf) 승낙, 승인

받다. 수락하다.
Algunos jóvenes prefieren no aceptar las solicitudes de amistad de sus padres en redes sociales.
일부 청소년들은 SNS에서 부모들의 친구 신청을 받아 들이고 싶어 하지 않는다.

**2 acreditar**

보증하다. 유명하게 만들다.
El premio lo acreditó como escritor.
그는 상 때문에 작가로 유명하게 되었다.

**3 actuar**

움직이다. 활동하다.
Piensan, actúan y sienten de una forma muy diferente.
그들은 아주 다른 방식으로 생각하고, 행동하고, 느낀다.

**4 almorzar**
㉾ almuerzo (nm) 점심

점심을 먹다.
Los viernes almuerzan pescado.
금요일마다 생선을 점심으로 먹는다.

**5 andar**
㊌ caminar 걷다

걷다.
Es muy peligroso que la mujer ande sola por la noche.
밤에 여성이 혼자 걷는 것은 매우 위험하다.

**6 anunciar**
㉾ anuncio (nm) 광고, 알림

알리다. 광고하다.
Necesito frases para anunciar mi empresa en Facebook.
나는 페이스북에 회사를 광고하기 위한 문구가 필요하다.

### 7 atravesar
⑤ cruzar 횡단하다

횡단하다.
El mundo atraviesa una crisis económica.
세계는 금융 위기를 지나고 있다.

✱ a través de ~을 통해서

### 8 buscar
㉾ búsqueda (nf) 검색, 탐색

찾다.
Busco apartamento en esta zona.
나는 이 지역에서 아파트를 찾고 있다.

### 9 clasificar

분류하다. (순위를) 매기다. (등급순위를) 차지하다.
Esta película es clasificada para mayores de 15 años.
이 영화는 15살 이상으로 분류된 영화이다.

### 10 colaborar
㉾ colaborador/a (nm,f) 협력자

협력하다.
Colaboró en la campaña con un donativo de 3 millones de dólares.
그는 3백만 달러의 기부로 캠페인에 협력했다.

### 11 completar

완성시키다.
Necesitó unos veinte años para completar esta obra.
그는 이 작품을 완성하는 데 약 20년이 필요했다.

### 12 constituir

구성하다.
El jurado está constituido por doce ciudadanos.
심사위원은 12명의 시민으로 구성되었다.

### 13 encerrar

가두다.
Lo encerraron en un psiquiátrico.
그를 정신병원에 가뒀다.

### 14 esculpir

조각하다.
Esculpió un león en mármol.
그는 대리석에 사자 한 마리를 조각했다.

### 15 finalizar

끝내다.
¿Cuándo finaliza el concierto?
콘서트는 언제 끝나나요?

**16 fracasar**
파 fracasado/a (adj) 실패한

실패하다.
Su primera novela ha fracasado.
그의 첫 번째 소설은 실패했다.

**17 frenar**

(브레이크를) 걸다. 제지하다.
Nadie pudo frenar a la actriz coreana.
누구도 그 한국 여배우를 제지할 수 없었다.

**18 insertar**
동 introducir 삽입하다

삽입하다.
Debes insertar las citas en el cuerpo del texto.
너는 본문에 인용문을 넣어야만 한다.

**19 interpretar**

해석하다. 노래하다. 연기하다.
Solo un artista puede interpretar el significado de la vida.
예술가만이 삶의 의미를 해석할 수 있다.

**20 interrumpir(se)**
동 suspenderse 중단되다

중단하다. (~se) 끊기다.
Se interrumpió el servicio.
서비스가 중단 되었다.

**21 medir**
파 medida (nf) 측량, 치수

측량하다.
Tengo que medir la habitación.
방을 측정해야만 한다.

**22 negar**
파 negativo/a (adj) 부정적인

거부하다. 부정하다.
Nos negaron la entrada a la fiesta.
그들은 파티에 입장하려는 우리를 거부했다.

**23 ofrecer**
동 proporcionar 제공하다

제공하다.
¿Puedo ofrecerle algo de comer?
당신에게 약간의 먹을 것을 제공해 드려도 될까요?

**24 recibir**
파 recibo (nm) 영수증

받다.
Recibió el Premio Nobel de Literatura.
그는 노벨 문학상을 받았다.

### 25 resurgir
다시 나타나다. 부활하다.

Han resurgido los combates en la frontera.
국경에서 전투가 다시 발발했다.

### 26 revelar
(숨긴 사실을) 밝히다.

No reveles a nadie lo que te he contado.
너에게 얘기한것을 어느 누구에게도 폭로 하지 마라.

### 27 rodar
ⓢ filmar 촬영하다

촬영하다.

Guillermo del Toro rodó varias películas.
길예르모 데 또로는 여러편의 영화를 찍었다.

### 28 traducir
번역하다.

Este libro ha sido traducido a tres idiomas.
이 책은 세 개 언어로 번역되었다.

### 29 transmitir(se)
전달하다. (~se) (3인칭에서) 전염되다.

He venido aquí para transmitir un mensaje.
나는 메시지를 전달하기 위해 여기에 왔다.

### 30 vigilar
ⓓ vigilancia (nf) 감시

감시하다.

Los padres están vigilando las actividades en Internet de sus hijos.
부모들은 아이들의 인터넷에서의 활동을 감시하고 있다.

## 14 듣기 필수 단어

| | | |
|---|---|---|
| elegante | adj. | 우아한 |
| hacer juego con | loc.verb. | ~와 어울리다 |
| lámpara | nf. | 전등 |
| plancha | nf. | 다리미 |
| carné de conducir | nm. | 운전 면허증 |
| chino/a | adj. | 중국의 |
| | nm,f. | 중국인 |
| rancho | nm. | 소규모농장 |
| vaca | nf. | 암소 |
| soledad | nf. | 고독 |
| premio | nm. | 상, 수상자 |
| inspiración | nf. | 영감 |
| definitivo/a | adj. | 결정적인 |
| seguramente | adv. | 확실히 |
| traductor/a | nm,f. | 번역가 |
| leído/a | adj. | 많이 익은, 해박한 |
| a lo largo | loc.adv. | ~에 걸쳐서 |
| generación | nf. | 세대 |
| ficticio/a | adj. | 가공의, 꾸며낸 |
| automóvil | nm. | 자동차 |
| episodio | nm. | 에피소드 |
| res | nf. | 네발짐승 |
| versión | nf. | 버전 |
| iluminación | nf. | 빛, 조명 |
| carretera | nf. | 고속도로 |
| capítulo | nm. | 장(챕터) |
| impresión | nf. | 인상, 느낌 |
| obra inmortal | nf. | 불후의 작품 |

| | | |
|---|---|---|
| editorial | nm. | 사설 |
|  | nf. | 출판사 |
| deslumbrador/a | adj. | 눈부신, 현란한 |
| ejecutivo/a | nm,f. | 경영 간부 |
| excursión | nf. | 소풍 |
| incluido/a | adj. | 포함된 |
| alojamiento | nm. | 숙박 |
| antes de | prep. | ~전에 |
| después de | prep. | ~후에 |
| público | nm. | 대중, 관객, 손님 |
| ejemplar | nm. | 인쇄물, (신문) 부, 책 |
| presupuesto | nm. | 예산, 견적 |
| compromiso | nm. | 약속 |
| aviso | nm. | 알림 |
| gratuito/a | adj. | 무료의 |
| horrible | adj. | 끔찍한, 무시무시한 |
| miedoso/a | adj. | 무서워하는 |
| temeroso/a | adj. | 겁내는, 겁이 많은 |
| ignorante | adj. | 무지한 |
| insensible | adj. | 무신경한 |
| ágil | adj. | 민첩한 |
| ocupado/a | adj. | 바쁜 |
| plano/a | adj. | 반반한, 납짝한 |
| descubierto/a | adj. | 발견된 |
| claro/a | adj. | 밝은 |
| malcriado/a | adj. | 버릇 없는 |
| próspero/a | adj. | 번성하는 |

# Día 15

1 **acortar**
(길, 기간, 양)을 단축하다.
Tengo que acortar el artículo.
기사를 줄여야만 한다.

2 **actualizar**
최신것으로 하다.
Actualicé mi cuenta.
나는 통장 정리를 했다.

3 **administrar**
관리하다. 경영하다.
Administra una empresa.
그는 회사를 경영한다.

4 **ahorrar**
㈜ ahorro (nm) 저축
저축하다. 아끼다.
Es importante ahorrar luz.
전기를 아끼는것은 중요하다.

5 **calificar**
㈜ evaluar 평가하다
평가하다. 등급을 매기다.
Los lectores calificaron mal al periodista.
독자들은 그 기자를 좋지 않게 평가 했다.

6 **centrarse**
(+en) 에 집중하다. 초점을 맞추다.
Esta cooperación se centra en la planificación, ejecución y supervisión de proyectos concretos.
이 협력은 구체적인 프로젝트의 계획, 실행, 관리 감독에 초점을 두고 있다.

**7 cesar**

그치다. 해고하다.
La empresa cesó sus operaciones en el extranjero.
회사는 외국에서의 사업을 중단했다.

**8 complacerse**

(+con, en, de) 기쁘게 생각하다.
Las parejas pueden complacerse mutuamente.
커플들은 서로를 기쁘게 할 수 있다.

**9 confiar**

(+en) 신뢰하다.
Agradecemos a todos los participantes que hayan vuelto a confiar en nuestro producto.
우리 제품을 다시 믿어 준 모든 참석자들에게 감사드립니다.

**10 confirmar**

확인하다. 확정하다.
Para confirmar la reservación necesitamos un 50% del total como anticipo.
예약을 확정하기 위해서는 전체 금액의 50%의 선불금이 필요합니다.

**11 conversar**
동 dialogar 대화하다.

대화하다.
Siempre converso con mi madre.
나는 항상 엄마와 대화를 한다.

**12 correr**

달리다. 통용되다.
El leopardo corre muy rápido.
표범은 아주 빨리 달린다.

**13 cultivar**
파 cultivo (nm) 경작

경작하다. 재배하다.
Cultivan el olivo casi por toda España.
올리브는 거의 스페인 전 지역에서 재배되고 있다.

**14 deducir**
동 inferir 추론하다

(+de) 추론하다.
¿Qué se puede deducir de la conversación?
대화에서 추론할 수 있는 것은 무엇인가?

**15 desistir**
동 renunciar 체념하다

(+de) 체념하다. 단념하다.
Al final desistieron de la idea.
결국 그들은 그 아이디어를 단념했다.

### 16 desmontar
분해하다. 해체하다.
Desmonta un motor.
그는 엔진을 해체하고 있다.

### 17 dispersar(se)
흩뿌리다. (~se) 사방으로 흩어지다.
Las aves se dispersan en el cielo.
새들이 하늘에 흩어져 있다.

### 18 divulgar
동 revelar 밝히다

공개하다. (비밀) 폭로하다.
No vaya a divulgar mi secreto.
내 비밀을 폭로하지 마세요.

### 19 enfrentarse
동 afrontar 직면하다

(+a) 직면하다.
Nos enfrentamos a una grave crisis.
우리는 심각한 위기에 직면 했다.

### 20 evolucionar
명 evolución 진보, 발전

진보하다. 발전하다.
Hay quien no cree que el ser humano haya evolucionado del mono.
인간이 원숭이에서 진화 되었다고 생각하지 않는 사람들이 있다.

### 21 imitar
동 copiar 복사하다

모방하다.
Los jóvenes imitan el comportamiento de sus padres.
젊은이들은 그들 부모의 행동을 모방한다.

### 22 incitar
동 provocar 야기하다

자극하다. 선동하다.
Un discurso que incita a la violencia.
폭력을 선동하는 연설

### 23 luchar
(+contra) ~에 맞서 싸우다. (+por) ~을 위해 싸우다.
Venezuela lucha por su libertad.
베네수엘라는 자유을 위해 싸우고 있다.

### 24 manejar
다루다. 운전하다.
Yo manejo una gran cantidad de dinero.
나는 거금을 다룬다.

### 25 mencionar
⑧ comentar 언급하다

언급하다.
Si hablas con ella, no menciones nada.
그녀와 얘기하면, 아무것도 언급하지 마라.

### 26 optar
⑧ escoger 선택하다

(+por) 선택하다.
Optar por otras soluciones supone un gran esfuerzo económico.
다른 해결책을 선택한다는것은 상당한 경제적인 부담을 의미한다.

### 27 preferir
㉾ preferencia (nf) 우선권

선호하다.
¿Qué prefieres, vino o cerveza?
와인과 맥주중에서 무엇을 선호하니?

### 28 publicar
⑧ editar 발행하다

출간하다. 보도하다.
¿Qué publican hoy los periódicos ?
오늘 신문에서 무엇을 보도하고 있니?

### 29 rebelarse
(+contra) 에 대해 궐기하다. 반항하다.
Un grupo de jóvenes se rebela contra el racismo.
한 그룹의 젊은이들이 인종차별에 대항한다.

### 30 responder
㉾ respuesta (nf) 대답

(+a) 대답하다. ~에 반응하다.
Esta página responde a las preguntas frecuentes de los aspirantes.
이 페이지는 지원자들이 자주 하는 질문에 대한 답변을 하고 있다.

## 15 듣기 필수 단어

| | | |
|---|---|---|
| cuota | nf. | 회비 |
| reunión | nf. | 회의 |
| limpieza | nf. | 청소 |
| muestra | nf. | 견본, 전시회 |
| crema | nf. | 크림 |
| envejecimiento | nm. | 노화 |
| gamba | nf. | 왕새우 |
| válido/a | adj. | 유효한 |
| comodidad | nf. | 편리함 |
| pedido | nm. | 주문, 주문서 |
| cheque regalo | nm. | 상품권 |
| cárnico/a | adj. | 고기의 |
| delegado/a | nm,f. | 대표, 위임받은 사람 |
| disponibilidad | nf. | 사용권 |
| currículum vítae | nm. | 이력서 |
| contrato indefinido | nm. | 정규직 |
| contrato temporal | nm. | 계약직 |
| incentivo | nm. | 상여금 |
| atención al cliente | nf. | 고객 응대 |
| caja | nf. | 수납처, 상자 |
| fiabilidad | nf. | 신뢰성 |
| procedimiento | nm. | 절차, 방법 |
| empresarial | adj. | 기업의, 경영의 |
| retribución | nf. | 급여 |
| personal | nm. | (회사) 직원 |
| | adj. | 사적인 |
| formación | nf. | 교육, 형성 |
| a cargo de | loc.prep. | ~의 부담으로, ~의 담당으로 |

| | | |
|---|---|---|
| camisa de cuadros | nf. | 체크무늬의 셔츠 |
| soso/a | adj. | 싱거운 |
| vacío/a | adj. | 비어있는 |
| cajón | nm. | 서랍 |
| enseguida | adv. | 곧 |
| urgente | adj. | 급한 |
| jersey | nm. | 스웨터 |
| cartelera | nf. | 게시판 |
| filmoteca | nf. | 영화보관소 |
| reposición | nf. | 재공연, 복직 |
| a sus órdenes | exp. | 당신의 명령대로 |
| agente | nm,f. | 경찰관 |
| cartera | nf. | 지갑 |
| caprichoso/a | adj. | 변덕스러운 |
| inconstante | adj. | 일정하지 않은, 불안정한 |
| enfermizo/a | adj. | 병약한 |
| conservador/a | nm,f. | 보수주의자 |
| normal | adj. | 보통의 |
| habitual | adj. | 평소의, 습관적인 |
| complicado/a | adj. | 얽혀 복잡한 |
| complejo/a | adj. | 복합의 |
| instintivo/a | adj. | 본능적인, 직관적인 |
| inmortal | adj. | 불멸의 |
| blando/a | adj. | 부드러운 |
| suave | adj. | 감촉이 부드러운, 온화한 |
| rico/a | adj. | 부유한, 맛있는 |

# Ejercicio 03

**적절한 단어를 골라 봅니다.**

01  Es importante _____ las dudas.
   궁금한 점을 명확히 밝히는 것이 중요하다.
   ① aclarar          ② aclamar

02  _____ la tierra por el terremoto.
   지진으로 땅이 흔들렸다.
   ① Temió           ② Tembló

03  Hoy voy a _____ mi libro de español.
   오늘 나는 스페인어 책을 가지러 갈 것이다.
   ① acordar         ② recoger

04  El libro _____ la historia de Corea.
   책은 한국의 역사를 포함하고 있다.
   ① abarca          ② abraza

05  ¿Podrías _____ a qué hora sale el tren?
   기차가 몇 시에 출발하는지 확인해줄 수 있나요?
   ① demostrar       ② comprobar

06  Los jubilados _____ el 10% de los medicamentos.
   은퇴자들은 약값의 10%를 낸다.
   ① pagan           ② cobran

**07** Cuando era niño, _____ con ser marinero.

어렸을 때, 나는 선원이 되고 싶었다.

① sonaba　　　　② soñaba

**08** Lo _____ en un psiquiátrico.

그들은 그를 정신병원에 가뒀다.

① encerraron　　　② cerraron

**09** Para _____ la reservación necesitamos un 50% del total como anticipo.

예약을 확정하기 위해서는 전체 금액의 50%의 선불금이 필요하다.

① comparar　　　　② confirmar

**10** ¿Qué _____, vino o cerveza?

와인과 맥주 중에서 무엇을 선호하니?

① prefieres　　　　② predices

---

### 동의어 찾기

| | | | | |
|---|---|---|---|---|
| incitar | ① | | Ⓐ | introducir |
| rodar | ② | | Ⓑ | filmar |
| insertar | ③ | | Ⓒ | reutilizar |
| abarcar | ④ | | Ⓓ | contener |
| reciclar | ⑤ | | Ⓔ | provocar |

● 적절한 단어를 골라 봅니다 1 ① 2 ② 3 ② 4 ① 5 ② 6 ① 7 ② 8 ① 9 ② 10 ①　● 동의어찾기 ① – Ⓔ ② – Ⓑ ③ – Ⓐ ④ – Ⓓ ⑤ – Ⓒ

# Día 16

1. **abundar**
   ㉠ abundante 풍부한

   풍부하다.
   ¿Qué recursos naturales abundan en la Tundra?
   툰드라에는 어떤 천연자연이 풍부한가요?

2. **atrapar**

   잡다. 얻다.
   La policía atrapó a los ladrones.
   경찰은 도둑들은 붙잡았다.

3. **dinamizar**

   활성화시키다.
   El gobierno quiere dinamizar el sector industrial.
   정부는 산업분야를 활성화시키고 싶어한다.

4. **diseñar**

   설계하다. 디자인하다.
   Diseñaron una estrategia para ampliar el mercado.
   그들은 시장을 확장할수 있는 전략을 짰다.

5. **distribuir**
   ㉴ repartir 분배하다

   분배하다. 배열하다.
   Distribuye los víveres entre los refugiados.
   피난민에게 식량을 배급하다.

6. **doblar**
   ㉴ duplicar 두 배로 하다

   두 배로 만들다. 접다.
   La empresa doblará sus ganancias.
   회사는 이익을 두배로 늘릴 것이다.

**7 enorgullecerse**
⑧ jactarse 우쭐거리다

우쭐거리다.
Un país que se enorgullece de su pasado.
과거를 자랑스러워하는 한 국가.

**8 enterarse**

(+de) ~에 대해 눈치채다. 알게 되다.
Me entero del accidente por televisión.
나는 텔레비전을 통해서 그 사고를 알게 되었다.

**9 imponer**

부과하다. 과세하다.
La policía impone una multa al hombre.
경찰은 그 남자에게 벌금을 부과한다.

**10 importar**

수입하다.
Corea del Sur importa plátanos.
한국은 바나나를 수입한다.

**11 invertir**

투자하다.
¿Es buen momento para invertir en materias primas?
원자재에 투자하기에 좋은 시기일까?

**12 juzgar**
⑲ juez (nm,f) 판사

재판하다. 판단하다.
No tienes derecho a juzgarme.
너는 나를 판단할 권리가 없다.

**13 lanzar**
⑲ lanzamiento (nm) 출시

(상품을) 출시하다.
Michael Kors se ha aliado con la firma Fossil para lanzar una colección de accesorios y joyas para este otoño.
Michael Kors는 올 가을을 위한 액세서리와 보석류를 출시하기 위해서 Fossil 회사와 제휴했다.

**14 mezclar(se)**

섞다. 혼합하다. (~se) 섞이다.
El ladrón se mezcló entre los espectadores.
그 도둑은 관객들 사이에 뒤섞여 있다.

**15 mostrar**
⑲ enseñar 보여주다.가르치다.

보여주다.
Mostró su carné de coducir al policía.
그는 운전 면허증을 경찰에게 보여 주었다.

델레 B1 **115**

### 16 producir(se)
🔄 producto (nm) 제품, 산물

생산하다. 야기하다. (~se) (일이) 일어나다.
Su visita se produjo en un momento de tensión política.
그의 방문은 정치적인 긴장속에서 행해졌다.

### 17 propiciar
🔄 favorecer 에 유리하다

~에 유리하다.
El buen clima propició la cosecha de maíz.
좋은 기후는 옥수수 수확에 유리했다.

### 18 prosperar

번영하다. 번창하다.
Compañías extranjeras prosperan en la mayoría de los pueblos fronterizos con México.
외국기업들이 멕시코 국경 근처 대부분의 도시에서 번창하고 있다.

### 19 proveer
🔄 suministrar 공급하다

(+de) ~을 공급하다.
La empresa provee de acceso a Internet al ministerio.
회사는 청사에 인터넷 접속 서비스를 제공한다.

### 20 recurrir

(+a) 에 도움을 구하다. ~에 의지하다.
Durante el apagón, recurrimos a las velas.
정전동안 우리는 촛불에 의지했다.

### 21 reducir
🔄 disminuir 줄이다

줄이다.
Nosotros vamos a reducir la producción.
우리는 생산을 줄일 것이다.

### 22 resolver(se)
🔄 solucionar 해결하다

해결 하다. (~se) 해결 되다.
La disputa se resolvió tras un mes de negociaciones.
분쟁은 1개월의 교섭 후에 해결 되었다.

### 23 retener

보유하다. 기억해두다. 공제하다.
Las hojas retienen la humedad.
종이는 습기를 머금고 있다.

### 24 retirar(se)
🔄 retirado/a (nm,f) 은퇴자

철수시키다. (~se) 은퇴하다. 퇴직하다.
Por favor, retire su coche para facilitar la salida de los otros.
제발, 다른 차가 나가는것이 용이하도록 당신의 차를 빼주세요.

### 25 **salvar**
동 rescatar 구출하다

구하다.
Me salvó de un incendio.
그가 나를 화재에서 구했다.

### 26 **soltar**

풀어주다.
Después de interrogar al sospechoso lo soltaron.
용의자를 심문한 후에 그를 풀어주었다.

### 27 **solucionar**
파 solución (nf) 해결

해결하다.
Solucionó un asunto difícil.
그는 어려운 사건을 해결했다.

### 28 **sufrir**
파 sufrimiento (nm) 괴로움

(좋지 않은 일을) 경험하다.
La empresa ha sufrido pérdidas.
회사는 손해를 입었다.

### 29 **traspasar(se)**

운반하다. 양도하다. (운동) 트레이드를 하다.
Se traspasa restaurante chino.
중국 레스토랑을 양도합니다.

### 30 **tropezar**
동 chocar 충돌하다

부딪히다. 발에 걸려 넘어지다.
Tropezó con una piedra.
그는 돌에 걸려 넘어졌다.

## 16 듣기 필수 단어

| | | |
|---|---|---|
| objeto perdido | nm. | 분실물 |
| cucharada | nf. | 한 숟가락의 양 |
| estatua | nf. | 조각 |
| prenda | nf. | 의류 |
| tintorería | nf. | 세탁소 |
| cortina | nf. | 커튼 |
| fuente | nf. | 분수, 출처 |
| sillón | nm. | 안락 의자 |
| bienestar | nm. | 안녕(행복), 웰빙 |
| conforte | nm. | 안락, 편안 |
| persiana | nf. | 블라인드 |
| por otra parte | loc.adv. | 다른 한편으로 |
| de repente | loc.adv. | 갑자기 |
| antena | nf. | 안테나 |
| desplazamiento | nm. | 이동 |
| ambicioso/a | adj. | 야심찬 |
| meticuloso/a | adj. | 섬세한, 소심한 |
| lingüístico/a | adj. | 언어의, 언어학 |
| área andina | nf. | 안데스 지역 |
| conclusión | nf. | 결론 |
| proceso | nm. | 과정 |
| radicalmente | adv. | 근본적으로 |
| representativo/a | adj. | 대표하는 |
| frente a | loc.prep. | ~에 비해, ~맞은 편에 |
| vigente | adj. | 현행의, 유효한 |
| referencia | nf. | 참고, 언급 |
| peninsular | adj. | 이베리아 반도의 |
| objetivo | nm. | 목적 |

| | | |
|---|---|---|
| carácter | nm. | 성격 |
| panhispánico/a | adj. | 범스페인어 사용 민족의 |
| fonética | nf. | 음성학 |
| fonología | nf. | 음운론, 음운학 |
| morfología | nf. | 형태학 |
| sintaxis | nf. | 통사론, 구문법 |
| unidad | nf. | 단위, 낱개, 통일성 |
| equilibrio | nm. | 균형 |
| compendio | nm. | 개요 |
| fundamental | adj. | 근본적인, 중요한 |
| mayor de edad | nm, f. | 법적인 성인 |
| anciano/a | nm, f. | 노인 |
| negativo/a | adj. | 부정적인 |
| falto/a | adj. | 부족한 |
| diligente | adj. | 부지런한 |
| trabajador/a | adj. | 부지런한, 일을 많이 한 |
| oscuro/a | adj. | 어두운 |
| evidente | adj. | 분명한, 명백한 |
| sensible | adj. | 민감한 |
| sensato/a | adj. | 분별있는, 신중한 |
| estéril | adj. | 불모의, 불임의, 쓸데없는 |
| infiel | adj. | 불성실한 |
| incompleto/a | adj. | 불완전한, 미완성의 |
| antipático/a | adj. | 불친절한 |
| desagradable | adj. | 불쾌한 |

# Día 17

**1 ahogar**

질식시키다. 억누르다.
La policía cree que a la víctima la ahogó con una almohada.
경찰은 그가 피해자를 베개로 질식시켰다고 생각한다.

**2 alejarse**

(+de) ~로 부터 멀어지다.
Aléjate de aquí.
여기서 물러나라.

**3 amenazar**

(+de, con) ~하겠다고 협박하다.
La amenazaron de muerte con un cuchillo.
그들은 칼로 죽이겠다고 그녀를 협박했다.

**4 aprobar**
@ aprobación (nf) 승인, 합격

승인하다. 시험에 합격하다.
Lo aprobaron por unanimidad.
그들은 그것을 만장일치로 승인했다.

**5 arrasar**

(표면을) 고르게 하다. 파괴하다.
El incendio arrasó todas las casas.
화재는 모든 집을 파괴했다.

**6 asegurar**

확언하다. 확신하다.
El gobierno aseguró que no subirían los impuestos.
정부는 세금이 인상되지 않을 것을 확언했다.

### 7 carecer

(+de) 결핍되다.

Los refugiados carece de agua potable.

피난민들은 식수가 부족하다.

### 8 comprometerse

약혼하다.

Ellos se comprometieron.

그들은 약혼했다.

※ comprometerse + a + 동사원형 : ~할 것을 약속하다

### 9 conectar

(+con) 와 연결되다. 관계를 유지하다.

La principal prioridad de la actual Comisión es conectar con los ciudadanos.

현 위원회의 중요한 우선순위는 시민들과 관계를 유지하는것이다.

### 10 conjugar

동사변화하다.

Estás aprendiendo a conjugar verbos en futuro.

너는 미래시제로 동사 변화하는 것을 배우고 있다.

### 11 conseguir
동 lograr 달성하다

달성하다. 성취하다.

La política es la única arma que tenemos para conseguir mejoras sociales.

정치는 더 나은 사회를 이루기 위해 우리가 가질 수 있는 유일한 무기이다.

### 12 cruzar
동 atravesar 횡단하다

횡단하다.

Decenas de miles cruzaron a la República Dominicana.

수만명이 도미니카 공화국으로 건너갔다.

### 13 escapar
동 huir 도망치다

(+de) 에서 도망치다.

Los prisioneros trataron de escapar de la cárcel.

죄수들은 감옥에서 도망치려고 했다.

### 14 esconderse

숨다.

El ladrón se escondió detrás de la puerta.

도둑은 문 뒤에 숨었다.

### 15 estrechar

좁히다. 긴밀히 하다.

Ambos países estrecharon sus vínculos amistosos.

양국은 그들의 유대관계를 긴밀히 했다.

### 16 hallar(se)
파 hallazgo (nm) 발견, 습득물

찾아내다. 발견하다. (~se) (상태) 이다.
Hallaron el cadáver en el fondo del río.
그들은 강 안쪽에서 시체를 발견했다.

### 17 meditar
동 reflexionar 성찰하다

명상하다.
He venido a este retiro para aprender a meditar, a practicar yoga y a contemplar la vida.
명상하고, 요가하고, 삶에 대해 생각하는것을 배우기 위해 이 수련회에 왔다.

### 18 mentir
파 mentira (nf) 거짓말

거짓말하다.
Me mintió sobre su edad.
그는 내게 나이에 대해 거짓말을 했다.

### 19 mover(se)
파 movimiento (nm) 움직임

이동시키다. (~se) 움직이다.
No te muevas de aquí.
여기서 움직이지 마라.

### 20 originar(se)
동 ocasionar 야기하다

야기시키다. (~se) 발생하다. 유래되다.
Casi un 30% de la deuda externa del Tercer Mundo se origina por la compra de armas.
제 3세계 외채의 약 30%는 무기 구매로 인해 발생한다.

### 21 permitir
파 permiso (nm) 허가

허가하다.
El gobierno no permite la exportación de armas.
정부는 무기 수출을 허용하지 않는다.

### 22 prever
파 previsto/a (adj) 미리준비된

예견하다. 준비하다.
Ella había previsto el terremoto.
그녀는 지진을 예견했었다.

### 23 resistir(se)

참다. (~se) 저항하다.
El presidente se está resistiendo a abandonar el cargo.
대통령은 자기직책을 포기하는것에 저항하고 있다.

## 24 retornar
⑪ retorno (nm) 귀국

되돌아가다. 되돌려주다.
Retornó a su país en 2022.
그는 2020년에 그의 나라로 돌아갔다.

## 25 sancionar
⑧ castigar 벌하다.

징계하다.
Lo sancionaron por desobedecer el reglamento.
규칙을 어겼기 때문에 그를 벌했다.

## 26 simbolizar

상징하다.
La paloma simboliza la paz.
비둘기는 평화를 상징한다.

## 27 solicitar
⑪ solicitud (nf) 신청

신청하다.
No hace falta solicitar un visado a la embajada.
대사관에 비자를 신청할 필요가 없다.

## 28 sorprenderse
⑧ asombrarse 놀라다
⑪ sorpresa (nf) 놀라움

놀라다.
Me sorprendí muchísimo cuando me lo dijeron.
그들이 내게 그것을 얘기했을 때 나는 아주 많이 놀랐다.

※ sorprenderse는 놀라다.
　asustarse는 두려움에 질겁하다.

## 29 volcar(se)

뒤집어 엎다. (~se) (그릇이나 내용을) 비우다. 전복되다
El coche se volcó varias veces y fue dañado.
차는 여러 번 전복되었고, 파손되었다.

## 30 votar
⑪ voto (nm) 투표

(+a, por) ~에 투표하다.
Los espectadores fueron invitados a votar por su diseño favorito.
관객들은 그들이 좋아하는 디자인에 투표하도록 초대되었다.

## 17 듣기 필수 단어

| | | |
|---|---|---|
| acompañamiento | nm. | 동반, 수행 |
| modalidad | nf. | 방법 |
| reserva | nf. | 예약 |
| gratuitamente | adv. | 무료로 |
| informativo/a | adj. | 정보를 주는 |
| guía | nm,f. | 안내원 |
| oficina de turismo | nf. | 관광안내소 |
| empresa de transporte | nf. | 운송회사 |
| servicio a domicilio | nm. | 택배(배달) 서비스 |
| presencial | adj. | 현존하는 |
| finanzas | nf.pl. | (복수) 금융, 재정 |
| reserva anticipada | nf. | 사전 예약 |
| tasa | nf. | 비율, 세금, (공공의) 요금 |
| gastos | nm.pl. | 지출 |
| ida y vuelta | nf. | 왕복 |
| línea regular | nf. | 정규노선 |
| paso a paso | loc.adv. | 차츰차츰, 일보일보 |
| manual | nm. | 안내서 |
| físico/a | adj. | 신체의 |
| psicológico/a | adj. | 심리적인 |
| deporte | nm. | 스포츠 |
| resistencia | nf. | 지구력, 저항 |
| consumo de energía | nm. | 에너지 소비 |
| bioenergético/a | adj. | 바이오에너지의 |
| individualizado/a | adj. | 개별화된 |
| integrado/a | adj. | 통합된 |
| atleta | nm,f. | 운동선수 |
| salud integral | nf. | 완전한 건강 |

| | | |
|---|---|---|
| fase | nf. | 측면, 국면 |
| calentamiento | nm. | 온난화 |
| ilustración | nf. | 삽화 |
| detallado/a | adj. | 상세한 |
| finalidad | nf. | 목적 |
| bioquímico/a | adj. | 생화학의 |
| esencial | adj. | 본질적인, 중요한 |
| entrenador/a | nm,f. | 코치 |
| tiempo libre | nm. | 여가 |
| mantenimiento | nm. | 유지 |
| circuito | nm. | 순회, 투어 |
| habilidad | nf. | 기량, 능력 |
| concreto/a | adj. | 구체적인 |
| incómodo/a | adj. | 불편한 |
| infeliz | adj. | 불행한 |
| agradable | adj. | 즐거운, 다정한, 쾌적한 |
| cobarde | adj. | 비겁한 |
| pesimista | nm,f. | 비관주의자 |
| huraño/a | adj. | 비사교적인 |
| obeso/a | adj. | 비만한 |
| grueso/a | adj. | 두꺼운 |
| vacío/a | adj. | 비어있는 |
| costoso/a | adj. | 비싼, 고가의 |
| irracional | adj. | 비이성적인 |
| cría | nf. | (동물) 사육, 동물의 새끼 |
| irreal | adj. | 비현실적인 |

# Día 18

1 **accionar**

(기계를) 작동시키다.
No **accionó** el sistema de escape del avión antes del accidente.
그는 사고 전에 비행기의 탈출시스템을 작동시키지 않았다.

2 **añadir**
㊌ agregar 첨가하다

첨가하다.
Me gusta **añadir**le azúcar al café.
나는 커피에 설탕 첨가하는 것을 좋아 한다.

3 **apresurarse**
㊌ darse prisa 서두르다
㊜ prisa (nf) 급함

서두르다. (+a) 서둘러서~하다.
Se **apresuró a** vender.
그는 서둘러 팔았다.

4 **arrodillarse**

무릎을 꿇다.
Se **arrodilló** ante el altar.
재단 앞에서 무릎을 꿇었다.

5 **clamar**

외치다. 애원하다.
El enemigo **clama** venganza.
적은 복수를 외친다.

6 **combinar**

(+con) 조화시키다. ~와 어울리다.
La corbata **combina con** el traje.
넥타이가 정장과 어울린다.

### 7 **comparar**

(+con) 비교하다.
Vamos a comparar este resultado con los datos de la física.
이 결과를 물리학의 데이터와 비교해보자.

### 8 **comprar**
(파) compra (nf) 쇼핑

사다.
Me gustaría comprar una corbata.
나는 넥타이를 하나 사고 싶다.

### 9 **congelar**

냉동시키다.
Mi mujer congeló la carne y el pescado.
내 아내는 고기와 생선을 냉동시켰다.

### 10 **consistir**

(+en) ~으로 구성되다.
El tratamiento médico consistió en suturar las heridas.
치료법은 상처를 봉합 하는 것이었다.

### 11 **decidir**
(파) decisión (nf) 결정

결정하다.
Todavía no he decidido nada.
나는 아직 아무 것도 결정하지 못했다.

### 12 **descontar**
(동) rebajar 할인하다

할인하다.
Me han descontado 10 euros.
내게 10 유로를 할인해 주었다.

### 13 **desterrar**

국외로 추방시키다.
No se puede desterrar a ningún ciudadano del territorio nacional.
어떤 시민도 국토에서 추방시킬수 없다.

### 14 **emanar**

발산하다. 뿜어내다.
La flor emanaba un aroma peculiar.
꽃은 독특한 향이 났다.

### 15 **enfatizar**
(동) hacer hincapié 강조하다

강조하다.
Creo que hoy debemos enfatizar otros dos aspectos.
오늘 우리는 다른 두 가지 측면을 강조해야만 한다고 생각한다.

델레 B1 **127**

### 16 equivaler

(+a) ~와 동등하다.
Un euro equivale a 10 pesos.
1유로는 10페소와 같다.

### 17 estallar
동 explotar 폭발하다

폭발하다. (전쟁, 태풍, 위기) 갑자기 일어나다.
Si la bomba estalla, todos morirán.
만약 폭탄이 터지면, 모든사람들은 죽을 것이다.

### 18 exponer
동 exhibir 전시하다

전시하다.
Expusieron la cristalería en el escaparate.
그들은 진열창에 유리 제품을 진열했다.

### 19 hundirse
파 hundido/a 침몰한

침몰 되다. (회의 등이) 혼란에 빠지다.
El Titanic se hundió hace 100 años.
100년전에 타이타닉은 침몰되었다.

### 20 insistir
동 empeñarse 고집하다

(+en) 주장하다. 고집하다.
Él insiste en que la misión en Afganistán es necesaria.
그는 아프가니스탄에서의 임무는 필요한 것이라고 주장하고 있다.

### 21 llamar(se)
파 llamada (nf) 통화

부르다. (~se) 라고 불리다.
La llamo por teléfono.
나는 그녀에게 전화한다.

  ※ 자연스러운 해석은 전화로 '그녀에게 전화하다'이지만,
     스페인식 표현은 전화로 그녀를 부르다.
     즉 'la'는 직접목적격이다.

### 22 merecer

칭찬 받을 만 하다. 가치가 있다.
Ella merece respeto de nuestra parte.
그녀는 우리의 존경을 받을 만하다.

  ※ merecer la pena = valer la pena : ~할 가치가 있다.

### 23 obtener
얻다.
¿Cómo puedo obtener mi tarjeta de crédito?
신용카드는 어떻게 가질수 있나요?

### 24 persuadir
🔄 convencer 설득하다

(+de) 설득시키다. 설득하다.
El vendedor me persuadió que era buena idea comprar el último modelo del smartphone.
판매자는 최신 스마트폰을 사는것은 좋은 생각이라고 나를 설득했다.

### 25 poner(se)
놓다. 상영하다. (~se) 옷을입다.
Los creyentes se ponen a rezar.
신도들은 기도하기 시작했다.

※※ ponerse a +동사원형 : ~하기 시작하다

### 26 probar
🔄 prueba (nf) 증거, 시용

시험해보다. 입어보다. 먹어보다.
Me gustaría probar este de rayas.
이 줄무늬를 입어보고 싶다.

### 27 progresar
진보하다. 향상하다.
La humanidad progresa sin cesar.
인류는 끊임없이 진보하고 있다.

### 28 reservar
예약하다.
¿Puede reservar una mesa para 4 personas para el día 10 de enero?
1월10일, 4명을 위한 테이블을 예약할수 있을까요?

### 29 retroceder
되돌아가다. 후퇴하다.
Es imposible hacer retroceder el tiempo.
시간을 되돌리는 것은 불가능하다.

### 30 vencer
🔄 caducar 유효 기간이 끝나다

기한이 다 되다. 이기다.
Mi pasaporte vence el mes que viene.
내 여권은 다음달 만료된다.

## 18 듣기 필수 단어

| | | |
|---|---|---|
| enfocado/a | adj. | 초점을 둔 |
| flexibilidad | nf. | 유연성 |
| fuerza | nf. | 힘 |
| prestigio | nm. | 권위, 명성 |
| sentido | nm. | 감각, 의미 |
| coreografía | nf. | 안무 |
| interpretación | nf. | 연기 |
| de vez en cuando | loc.adv. | 가끔 |
| discoteca | nf. | 나이트클럽 |
| helado | nm. | 아이스크림 |
| pesado/a | adj. | 무거운, 지루한 |
| partido | nm. | 경기, (정치) 정당 |
| pierna | nf. | 다리 |
| estación de metro | nf. | 지하철역 |
| ave | nm. | 새, 조류 |
| pollo | nm. | 닭 |
| estricto/a | adj. | 엄격한 |
| certeza | nf. | 확신 |
| docena | nf. | 한다스(12개) |
| extraído/a | adj. | 추출된 |
| cartografía | nf. | 지도제작법 |
| tesoro | nm. | 보물 |
| manuscrito | nm. | 자필원고 |
| catedrático/a | nm,f. | 대학교수 |
| deterioro | nm. | 파손, 악화 |
| directamente | adv. | 직접 |
| paso | nm. | 단계 |
| lengua | nf. | 언어 |

| | | |
|---|---|---|
| temporada alta | nf. | 성수기 |
| temporada baja | nf. | 비수기 |
| independiente de | loc.adv. | ~와는 별개로 |
| independiente | adj. | 독립의 |
| oceanográfico/a | adj. | 해양학의 |
| muelle | nm. | 스프링 |
| amarrado/a | adj. | 인색한 |
| buque | nm. | 선박 |
| juego de consola | nm. | 비디오 게임 |
| exitoso/a | adj. | 성공한 |
| lanzamiento | nm. | 출시 |
| al completo | loc.adv. | 정식으로 |
| rápido/a | adj. | 빠른 |
| desvergonzado/a | adj. | 뻔뻔한 |
| sociable | adj. | 사교적인 |
| privado/a | adj. | 사적인 |
| lujoso/a | adj. | 사치스러운, 호화로운 |
| productivo/a | adj. | 생산적인 |
| bondadoso/a | adj. | 선량한 |
| exitoso/a | adj. | 성공한 |
| impaciente | adj. | 성급한, 안달하는 |
| fiel | adj. | 성실한 |
| sincero/a | adj. | 솔직한, 성실한 |
| fuerte | adj. | 강한 |
| detallista | adj. | 세심한, 꼼꼼한, 완벽주의의 |

# Día 19

1 **acertar**

간파하다. (표적을) 맞추다. (숨겨진 것을) 알아 맞히다.
**Acerté** tres respuestas.
3개의 답을 맞추었다.

2 **adelantarse**

(+a) 앞서다.
El MacBook Air **se adelantó a** su época.
맥북에어는 시대를 앞섰다.

3 **adquirir**
㉴ adquisición (nf) 취득

(자신의 노력으로) 취득하다. (돈으로) 사다.
Es posible **adquirir** billetes de tren a través de Internet.
인터넷으로 표를 사는 것이 가능하다.

4 **agarrar**

움켜잡다.
Deben levantar las manos hasta que hayan **agarrado** la pelota.
공을 잡을 때까지 손을 들고 있어야만 한다.

5 **alojarse**
㉾ hospedarse 숙박하다
㉴ alojamiento (nm) 숙박

숙박하다.
**Se alojaron** en un hotel.
그들은 호텔에 묵었다.

6 **aparcar(se)**
㉾ estacionar 주차시키다
㉴ aparcamiento (nm) 주차장

주차시키다. (~se) 주차하다.
**Aparqué** el coche en esta manzana.
나는 이 블록에 차를 주차했다.

### 7 aplazar
⑧ posponer 연기하다

연기하다.
Han aplazado la fecha de salida.
출발 날짜를 연기했다.

### 8 aterrizar

착륙하다.
Un piloto con experiencia sabe cómo hacer aterrizar un avión suavemente.
경험이 있는 조종사는 어떻게 비행기를 부드럽게 착륙시키는 지를 안다.

### 9 averiarse
⑧ estropearse 고장나다
㉠ avería (nf) 고장

고장나다.
Se ha averiado la moto.
오토바이가 고장났다.

### 10 chocar

(+contra) 충돌하다.
El camión chocó contra la pared.
트럭은 벽에 충돌했다.

### 11 contactar

(+con) 연락하다. 접촉하다.
No puedo contactar con él.
나는 그와 연락할 수 없다.

### 12 costear

대금을 지불하다. 빚을 갚다.
Debo vender mi casa para costear este plan.
나는 이 계획에 대한 비용을 치르기 위해서는 집을 팔아야만 한다.

### 13 descargar

내리다. 다운로드 받다.
Estoy descargando mercancías.
나는 짐을 내리고 있다.

### 14 descender

내려가다. 저하하다.
Descendimos de la montaña.
우리는 산에서 내려왔다.

### 15 desempacar

짐이나 포장을 풀다.
Desempacó el equipaje al llegar al hostal.
호스텔에 도착했을때 짐을 풀었다.

델레 B1 **133**

**16 despegar**

이륙하다.
El avión despegó del aeropuerto internacional de Incheon.
비행기가 인천국제공항을 이륙했다.

**17 desviar**

우회하다.
Los vuelos fueron desviados al aeropuerto internacional de Inchon.
비행기들은 인천국제공항으로 우회 했다.(우회 되었다)

**18 empujar**

밀다.
Tuvimos que empujar el coche.
우리는 차를 밀어야 만 했다.

**19 encargarse**
유 ocuparse + de 담당하다

(+de) 담당하다. 맡다.
Me encargaré de todos los gastos de viaje que necesites.
네가 필요한 모든 여행 경비는 내가 책임질 것이다.

**20 estacionar(se)**

주차시키다. (~se) 주차하다.
Es gratis estacionarse en el garaje los domingos.
일요일에는 차고에 주차하는것이 무료이다.

**21 explorar**

탐험하다.
A él le gusta explorar cavernas subterráneas.
그는 지하 동굴 탐험하는 것을 좋아한다.

**22 girar**
파 gira (nf) 일주여행, 당일치기

돌다. 회전하다.
Siga todo recto y gire a la derecha.
쭉 직진한 다음에 오른쪽으로 꺾어주세요.

**23 levantar(se)**

올리다. 일으키다. 건축하다. (~se) 일어나다.
¿Quiere usted levantar el equipaje?
짐을 올려 주시겠습니까?

### 24 parar(se)
동 detenerse 멈추다

멈추게 하다. (~se) 멈추다.
Me paré a echar gasolina.
나는 주유하기위해 멈추었다.

※ parar de + inf. : ~하는 것을 멈추다.
No ha parado de llover desde que llegamos.
우리가 도착한 이후로 비오는것이 멈추지 않았다.

### 25 planificar
동 planear 계획하다

계획하다.
Contempla la posibilidad de planificar de una forma más variada.
좀 더 다양한 방식으로 계획할 수 있는 가능성을 고려해보아라.

### 26 preguntar
파 pregunta (nf) 질문

묻다.
Vamos a preguntarle dónde hay una farmacia.
약국이 어디에 있는지 그에게 묻자.

### 27 recorrer

돌아다니다.
Recorrieron todo el mundo.
그들은 전 세계를 돌아다녔다.

### 28 renovar

새롭게 하다. 갱신하다.
Hay que renovar el pasaporte.
여권을 갱신해야 한다.

### 29 secar(se)
파 secador (nm) 드라이기

말리다. 닦다. (~se) 마르다.
La ropa se seca mejor al aire libre.
옷은 야외에서 더 잘 마른다.

### 30 volar
파 vuelo (nm) 비행, 비행편

날다.
El avión volaba por encima del río.
비행기는 강 위로 날아 다녔다.

## 19 듣기 필수 단어

| a ciegas | loc.adv. | 맹목적으로 |
| réplica | nf. | 복제, 말대답, 반론 |
| mural | nm. | 벽화 |
| batido de fruta | nm. | 과일 쉐이크 |
| cantautor/a | nm,f. | 싱어송라이터 |
| camarón | nm. | 작은 새우 |
| acogedor/a | adj. | 분위기 좋은 |
| atento/a | adj. | 친절한, 주의 깊은 |
| propietario/a | nm,f. | 주인 |
| con esmero | loc.adv. | 성심껏 |
| comensal | nm,f. | 식사하는 사람 |
| lomo fino | nm. | 등심 |
| exquisito/a | adj. | 훌륭한, 맛이 기가 막힌 |
| atmósfera | nf. | 대기, 분위기 |
| con maestría | loc.adv. | 솜씨있게 |
| duda | nf. | 의심, 의문점 |
| probabilidad | nf. | 가능성 |
| acuerdo | nm. | 동의 |
| arruga | nf. | 주름 |
| increíble | adj. | 믿을 수 없는 |
| dolor | nm. | 고통, 아픔 |
| vacuna | nf. | 백신 |
| altitud | nf. | 고도 |
| repleto(a) de | adj. | ~로 가득한 |
| mito | nm. | 신화 |
| escenario | nm. | 무대 |
| pretensiones | nf.pl. | 포부, 야망 |
| espontaneidad | nf. | 자발성 |

| | | |
|---|---|---|
| nata | nf. | 생크림 |
| horno | nm. | 오븐 |
| a lo mejor | loc.adv. | 아마도 |
| taquilla | nf. | 매표소 |
| cola | nf. | 줄 |
| autopista | nf. | 고속도로 |
| teclado | nm. | 키보드 |
| batería | nf. | 드럼 |
| yoga | nm. | 요가 |
| ni siquiera | loc.adv. | ~조차도 아니다 |
| justo/a | adj. | 정당한 |
| aspiradora | nf. | 진공 청소기 |
| tímido/a | adj. | 소심한, 내성적인 |
| descuidado/a | adj. | 소홀히 한 |
| crédulo/a | adj. | 속기 쉬운, 맹신하는 |
| franco/a | adj. | 솔직한 |
| decadente | adj. | 쇠퇴하는, 퇴폐적인 |
| hablador/a | adj. | 수다스러운 |
| pasivo/a | adj. | 수동의, 소극적인 |
| vergonzoso/a | adj. | 수줍음을 잘 타는 |
| inocente | adj. | 순진한 |
| fácil | adj. | 쉬운 |
| estresante | adj. | 스트레스가 많은 |
| húmedo/a | adj. | 습한 |
| impuntual | adj. | 시간을 엄수하지 않는 |

# Día 20

1 **acercarse**

(+a) ~로 가까이 가다.
**Acércate** un poco más **a** la ventana.
좀 더 창문 가까이로 가라.

2 **acostumbrarse**
㈜ costumbre (nf) 습관

(+a) 익숙해지다.
Él no **se acostumbra a** vivir en este país.
그는 이 나라의 생활에 익숙하지 않다.

3 **adecuar**
㈜ adecuado 적절한

알맞게 하다. 적합하게 하다.
**Adecuamos** nuestra oficina para trabajar más cómodos.
우리는 더 편하게 일할 수 있도록 우리 사무실을 개조했다.

4 **apear(se)**

내려놓다. (~se) 내리다.
**Se apearon** del bus en cuanto llegaron a la ciudad.
그들은 도시에 도착하자 마자 버스에서 내렸다.

5 **apostar**

(+por) 내기하다.
¿Quién crees que ganará? - yo **apuesto por** Perú.
너는 누가 이길것 같니? 나는 페루에 걸겠다.

6 **arrojar**
㈜ echar 던지다

내던지다.
No **arrojes** basura en la calle.
길에 쓰레기를 버리지 마라.

### 7 atentar
동 atacar 공격, 습격하다

(+contra) 에게 위해를 가하다. 습격하다.
Atentaron contra la sede del partido.
그들은 당 본부를 습격했다.

### 8 caber

용량을 가지고 있다. 받아들이다.
En esta botella cabe un poco de agua.
이 병에는 물이 적게 들어간다.

※ No cabe duda de que… 의심의 여지가 없다.
No cabe duda de que las 23:00 horas no es una buena hora para jugar al fútbol.
저녁 11시는 축구경기 하기에 좋은 시간이 아니라는 것은 의심의 여지가 없다.

### 9 celebrar(se)
파 célebre 유명한

개최하다. 축하하다. (~se) 개최되다.
La feria se celebra en México.
박람회는 멕시코에서 개최된다.

※ celebrar(se)는 축하하다의 의미도 있지만, B1에서는 개최하다(되다)의 의미로 듣기에서 자주 출제 된다.

### 10 demostr
동 comprobar 증명하다

증명하다.
El tenista demostró ser uno de los mejores.
그 테니스 선수는 최고 선수 중에 한명이라는 것을 증명했다.

### 11 distinguir(se)
파 distinto/a (adj) 상이한, 다른

구별하다. 특징짓다. (~se) +de ~와 구별되다.
El hombre se distingue de todas las demás criaturas por la facultad de reír.
인간은 웃는 능력 때문에 다른 모든 생물과 구별되는 것이다.

### 12 enterrar
동 soterrar 매장하다

매장하다. 은거하다.
Mi perro enterraba un hueso en el jardín.
내 개는 정원에 뼈를 묻곤 했다.

### 13 entrenar

훈련하다.
Entreno tenis.
나는 테니스 연습을 한다.

## 14 estimular
ⓢ incitar 자극하다

자극하다. 북돋우다.
El entrenador lo estimuló con gritos.
코치는 목청껏 그를 독려했다.

## 15 excluir

추방하다. 배제하다.
Fue excluido del equipo.
그는 팀에서 추방되었다.

## 16 ganar

(경기를) 이기다. (상을) 타다. (돈을) 벌다.
Él cree que me puede ganar al ajedrez.
그는 체스에서 나를 이길 수 있다고 생각 한다.

✳ ganarse la vida : 생계를 유지하다

## 17 iluminar

비추다. (조명 등으로) 장식하다.
Ellos iluminan el castillo por la noche.
그들은 밤에 성을 조명으로 장식 한다.

## 18 impedir

방해하다.
La nieve impidió la celebración del partido.
눈때문에 경기 개최가 힘들었다.

## 19 inscribirse
ⓢ matricularse 접수하다
ⓟ inscripción (nf) 등록

접수하다. 등록하다.
Laura se inscribió en mi clase.
라우라는 내 수업에 등록했다.

## 20 integrar

통합하다. 동화시키다.
Con las herramientas adecuadas, integrar datos es fácil.
적절한 도구를 사용하면, 데이터를 통합하는 것이 쉽다.

## 21 intercambiar
ⓟ intercambio (nm) 교환

교환하다. (~se) 서로 교환하다.
Los jugadores se intercambiaron las camisetas.
선수들은 서로 셔츠를 교환했다.

## 22 organizar
ⓟ organización 조직

행사 등을 계획하다. 준비하다.
Ella ayudará a organizar una reunión.
그녀는 회의 준비하는 것을 도와줄 것이다.

### 23 participar
㈤ participante (nm,f) 참가자

(+en) ~에 참여하다. 참가하다.
¿Quién participó en el desfile disfrazándose?
누가 변장한 채로 행렬에 참여했었나?

### 24 presumir
㊌ ostentar 과시하다

(+de) 자부하다. 자만하다.
La provincia presume de una variedad gastronómica
그 지방은 다양한 요리에 대해 자부심을 갖고 있다.

### 25 pretender

바라다.
Pretendo publicar un libro.
나는 책을 출간 하려고 한다.

✲ pretender + 동사원형 : ~하려고 하다.

### 26 repartir
㊌ distribuir 분배하다

나눠주다.
Todos los días reparte periódicos en bicicleta.
그는 매일 자전거로 신문을 배달한다.

### 27 resultar

(어떤 행위로 인해) ~결과가 되다.
Me resultó imposible salir.
나는 출발하는 게 불가능하게 되었다.

### 28 soportar
㊌ aguantar 견디다

견디다.
No pude soportar la presión.
나는 압력을 견딜수 없었다.

### 29 superar
㊌ exceder 초과하다

(난관을) 극복하다. (누구를) 능가하다.
Eso me molestó un tiempo, pero lo superé.
그것은 한동안 나를 괴롭혔지만, 그것을 극복했다.

### 30 triunfar
㊌ tener éxito 성공하다

승리하다. 성공하다.
Nuestro partido triunfó en las elecciones.
우리 정당이 선거에서 이겼다.

## 20 듣기 필수 단어

| | | |
|---|---|---|
| fregar el piso | loc.verb. | 바닥을 닦다 |
| juguete | nm. | 장난감 |
| garganta | nf. | 목구멍 |
| asfixia | nf. | 질식, 호흡곤란 |
| riesgo | nm. | 위험 |
| consumidor/a | nm,f. | 소비자 |
| casualidad | nf. | 우연 |
| pieza | nf. | 부품, (예술) 작품 |
| conservatorio | nm. | 음악학교 |
| publicación | nf. | 출판 |
| previsto/a | adj. | 예정된 |
| ininterrumpido/a | adj. | 중단없이 계속되는 |
| teléfono fijo | nm. | 집전화 |
| semestre | nm. | 6개월, 일년의 반기 |
| hispanohablante | nm,f. | 스페인어를 모국어로 말하는 사람 |
| respectivo/a | adj. | 제각각의 |
| período | nm. | 기간 |
| procedente de | adj. | ~에서 비롯된, 유래된 |
| conjunto | nm. | 전체, 집단, (옷) 한벌 |
| agencia de viajes | nf. | 여행사 |
| ruta | nf. | 경로 |
| totalidad | nf. | 전체 |
| localidad | nf. | 지역 |
| paquete turístico | nm. | 패키지 여행 |
| aspirante | nm,f. | 지원자 |
| prueba de admisión | nf. | 입학시험 |
| licenciatura | nf. | 학사학위 |
| postgrado | nm. | 대학원과정 |

| | | |
|---|---|---|
| doctorado | nm. | 박사과정, 박사학위 |
| formulario de inscripición | nm. | 접수 원서 |
| interconectado/a | adj. | 서로 연결된 |
| ser capaz de | loc.verb. | ~할 수 있다 |
| entorno | nm. | 상황, 환경 |
| entre sí | loc.adv. | 자기들 끼리 |
| gracias a | loc.prep. | ~덕분에 |
| mecanismo | nm. | 장치, 기구 |
| cobertura | nf. | 전파범위 |
| accidente | nm. | 사고 |
| atasco | nm. | 교통 체증 |
| campus virtual | nm. | 가상캠퍼스 |
| puntual | adj. | 시간을 잘 지키는 |
| ruidoso/a | adj. | 시끄러운 |
| cuidadoso/a | adj. | 신경을 쓰는 |
| histérico/a | adj. | 신경질적인 |
| prudente | adj. | 신중한 |
| real | adj. | 실질적인, 실제의 |
| fallido/a | adj. | 실패한 |
| soso/a | adj. | 싱거운, 맛이 없는 |
| gastador/a | adj. | 씀씀이가 헤픈 |
| hermoso/a | adj. | 아름다운 |
| enfermo/a | adj. | 아픈 |
| seguro/a | adj. | 안전한 |
| conocido/a | adj. | 유명한 |
| | nm,f | 지인 |

## Ejercicio 04

■ 적절한 단어를 골라 봅니다.

**01** _____ los víveres entre los refugiados.

피난민에게 식량을 배급하다.

① Distribuye　　　　② Destruye

**02** El ladrón _____ entre los espectadores.

그 도둑은 관객들 사이에 뒤섞여 있다.

① se mezcló　　　　② se lanzó

**03** _____ un asunto difícil.

그는 어려운 사건을 해결했다.

① Soltó　　　　② Solucionó

**04** La empresa _____ pérdidas.

회사는 손해를 입었다.

① ha superado　　　　② ha sufrido

**05** Ella había _____ el terremoto.

그녀는 지진을 예견했었다.

① previsto　　　　② puesto

**06** El presidente se está _____ a abandonar el cargo.

대통령은 자기직책을 포기하는 것에 저항하고 있다.

① resistiendo　　　　② renunciando

07 _____ la cristalería en el escaparate.

그들은 진열창에 유리 제품을 진열했다.

① Expusieron    ② Experimentaron

08 Han _____ la fecha de salida.

출발 날짜를 연기했다.

① aplaudido    ② aplazado

09 Es gratis _____ en el garaje los domingos.

일요일에는 차고에 주차하는것이 무료이다.

① estacionarse    ② explorar

10 ¿Quién _____ en el desfile disfrazándose?

누가 변장한 채로 행렬에 참여했었나?

① participó    ② partió

### 동의어 찾기

| | | | | |
|---|---|---|---|---|
| inscribirse | ① | | Ⓐ | matricularse |
| demostrar | ② | | Ⓑ | disminuir |
| aparcarse | ③ | | Ⓒ | estacionarse |
| proveer | ④ | | Ⓓ | comprobar |
| reducir | ⑤ | | Ⓔ | suministrar |

● 적절한 단어를 골라 봅니다 1 ① 2 ① 3 ② 4 ② 5 ① 6 ② 7 ① 8 ② 9 ① 10 ①  ● 동의어찾기 ① – Ⓐ  ② – Ⓓ  ③ – Ⓒ  ④ – Ⓔ  ⑤ – Ⓑ

# Día 21

1  **acceder**

(+a) 접근하다. 들어가다.
Es posible que no puedas acceder al patio ahora.
너는 지금 운동장에 들어가지 못할 수 있다

2  **acusar**
㈜ acusación (nf) 고소

(+de) (~의 죄로) 고소하다. 기소하다.
Lo acusaron de asesinato.
그를 살인죄로 기소했다.

3  **aislar**
㈜ isla (nf) 섬

고립시키다.
Ellos aislaron a los prisioneros agresivos.
그들은 공격적인 죄수들을 따로 분리시켰다.

4  **ajustar**

조정하다.
El técnico ajustó la antena.
기술자는 안테나를 조정했다.

5  **albergar(se)**
⑧ hospedarse 숙박하다

거처를 제공하다. (~se) 숙박하다.
La reserva alberga un gran número de aves endémicas.
자연 보호구역에는 많은 수의 토착 조류들이 서식하고 있다.

6  **ampliar**
㈜ amplio/a (adj) 넓은

확장하다. 확대하다.
Han ampliado el servicio a todo el país.
서비스를 전국으로 확대했다.

### 7 aplicarse

(+a) 적용되다.
La tecnología espacial se ha aplicado a la vida cotidiana.
우주 기술은 일상 생활에 적용되었다.

### 8 apuntarse
동 inscribirse 등록하다

등록하다.
Tienen que apuntarse lo antes posible.
그들은 가능한 한 빨리 등록해야만 합니다.

### 9 autorizar
동 tener permiso 허가받다

인가하다. 승인하다.
Autorizó el documento con su firma.
그는 사인으로 서류를 승인했다.

### 10 auxiliar
패 auxilio 도움, 원조

구제하다. 원조하다.
Esta ayuda es esencial para auxiliar a los desempleados.
이 도움은 실업자들을 돕는데 요긴하다.

### 11 avisar

알리다.
Avísame de antemano.
미리 내게 알려줘.

### 12 consolar
동 confortar 위로하다

위로하다.
No consiguió consolarla con sus palabras.
결국 그녀를 말로 위로하지는 못했다.

### 13 declarar
패 declaración (nf) 공표, 선언

(의견을) 표명하다. 신고하다.
La Unesco ha declarado la festividad mexicana como Patrimonio Cultural Inmaterial de la Humanidad.
유네스코는 멕시코 축제를 인류문화유산으로 선언했다.

### 14 derivar

(+de) 유래하다. 파생하다.
Los prejuicios derivan de la ignorancia.
편견은 무지에서 나온다.

### 15 despertar(se)

~을 깨우다. (~se) 깨다.
Me desperté del sueño.
나는 꿈에서 깼다.

델레 B1 **147**

**16 estresarse**
㉿ estresado/a (adj) 스트레스를 받은

스트레스를 받다.
Me estreso con facilidad.
나는 쉽게 스트레스를 받는다.

**17 fortalecer**
⑧ reforzar 강화시키다

강화시키다.
El acuerdo fortalecerá las relaciones entre los dos países.
협약은 두 나라간의 관계를 강화시킬 것이다.

**18 identificar(se)**

식별하다. (~se) 자신의 신분을 증명하다.
Es importante reflexionar para identificar qué cambios son beneficiosos o perjudiciales.
어떤 변화가 이로울 지 또는 해로울 지를 구분하기 위해 생각해 보는 것이 중요하다.

**19 imprimir**
㉿ impresora (nf) 프린터

인쇄하다.
Imprimí el itinerario para nuestro viaje a Europa.
나는 유럽으로 가는 우리 여행 일정을 출력했다.

**20 impulsar**

추진하다. 밀어내다.
¿Qué te impulsó a marcharte?
무엇이 너를 떠나도록 했니?

**21 interactuar**
㉿ interacción (nf) 상호작용

(+con) ~와 소통하다. 상호작용하다.
Señalar y hacer clic con el mouse es el modo principal de interactuar con el equipo.
마우스로 가리키고, 클릭하는 것은 기계와 소통하는 중요한 방법이다.

**22 introducir**

삽입하다. 소개하다.
Introduzca la tarjeta en el cajero para sacar dinero.
돈을 인출하기 위해서 ATM기에 카드를 넣으세요.

**23 invadir**

침략하다.
Perdió a su familia cuando Rusia invadió su país.
러시아가 그의 나라를 침략했을 때 그는 가족을 잃었다.

### 24 inventar

발명하다.
¿Sabes quién inventó la bombilla?
누가 전구를 발명했는지 아니?

### 25 mirar

살펴보다.
Solamente ella mira por sus intereses.
그녀는 자기의 관심사만 살핀다.

※※ mirar por : ~에 마음을 쓰다.

### 26 montar

타다. (회사)를 설립하다.
Monto a caballo.
나는 말을 탄다.

Le gustaría montar una empresa.
그는 회사를 설립하고 싶다.

### 27 morderse

자신의 신체 일부를 깨물다.
Me mordí el labio.
나는 입술을 깨물었다.

### 28 penetrar

관통하다. (장소에) 들어가다.
La luz penetra por la ventana.
햇빛이 창문으로 들어온다.

### 29 arruinar(se)

(건강) 해치다. (손해)를 주다. (~se) 파산하다. 파괴되다.
La casa se arruinó con el incendio.
집은 화재로 파괴되었다.

### 30 reunir(se)

⑤ congregarse 모이다

~을 모으다. (~se) 모이다.
En Navidad la gente se reúne con sus familias.
크리스마스에 사람들은 가족과 모인다.

델레 B1 **149**

## 21 듣기 필수 단어

| | | |
|---|---|---|
| clave de acceso | nf. | 비밀번호 |
| en particular | adv. | 특히 |
| contraseña | nf. | 비밀번호 |
| carné de la biblioteca | nm. | 도서관증 |
| fondo | nm. | 자산, (도서관) 소장품 |
| sinfónico/a | adj. | 교향곡의 |
| compositor/a | nm,f. | 작곡가 |
| arpa | nf. | 하프 |
| orquesta | nf. | 오케스트라 |
| previsible | adj. | 예측할 수 있는 |
| movimiento | nm. | 이동, 악장 |
| financiado/a | adj. | 원조하는, 후원하는 |
| facilidad | nf. | 용이함, 편의성 |
| ámbito rural | nm. | 시골환경 |
| estrés | nm. | 스트레스 |
| etnográfico/a | adj. | 민족학적인 |
| utensilio | nm. | 집기, 가정용품 |
| labranza | nf. | 경작 |
| urbanita | nm,f. | 도시인 |
| estancia | nf. | 체류 |
| fenómeno | nm. | 현상 |
| despoblación | nf. | 인구의 감소 |
| gastronómico/a | adj. | 요리의 |
| soltero/a | adj. | 미혼의 |
| | nm,f. | 미혼 |
| calendario | nm. | 달력 |
| portal | nm. | 포털사이트, 현관 |
| hierba | nf. | 풀, 잡초 |

| | | |
|---|---|---|
| derrumbe | nm. | 낭떠러지, (경제) 붕괴 |
| anhelo | nm. | 열망, 동경 |
| fantasma | nm. | 유령 |
| abundante | adj. | 풍부한 |
| comunidad autónoma | nf. | 자치 공동체 |
| rural | adj. | 시골의 |
| aislado/a | adj. | 격리된, 고립된 |
| falso/a | adj. | 거짓의 |
| a menudo | loc.prep. | 자주 |
| película corta | nf. | 단편영화 |
| publicidad | nf. | 광고 |
| tragedia | nf. | 비극 |
| maravilloso/a | adj. | 굉장한, 근사한 |
| económico/a | adj. | 경제적인, 알뜰한 |
| anterior | adj. | 앞의 |
| efusivo/a | adj. | 애정이 넘치는 |
| débil | adj. | 약한 |
| difícil | adj. | 어려운 |
| estúpido/a | adj. | 어리석은 |
| severo/a | adj. | 엄격한, 수수한 |
| estricto/a | adj. | 엄격한 |
| abierto/a | adj. | 열린 |
| lindo/a | adj. | 예쁜, 귀여운 |
| reservado/a | adj. | 예약된, 내성적인 |
| cortés | adj. | 예의바른 |
| maleducado/a | adj. | 예의없는 |

# Día 22

**1 adaptarse**

(+a) ~에 적응하다.
No se ha adaptado al clima local.
그는 현지 기후에 적응하지 못했다.

**2 alcanzar**
⨁ alcance (nm) 범위, 사정거리

닿다. 도달하다.
Su sueldo no alcanza el salario mínimo.
그의 월급은 최저월급에도 미치지 못한다.

**3 compartir**

공유하다.
Compartimos la mesa del almuerzo.
우리는 점심 테이블을 공유한다.

**4 compensar**

보상하다. 보완(보충)하다. 상쇄하다.
Compensaron las pérdidas con las ganancias.
그들은 이익으로 손실을 상쇄했다.

**5 constar**

확실하다.
Me consta que está casado.
그가 결혼했다는 건 확실하다.

**6 depender**

(+de) 에 달려있다. 좌우되다.
La cantidad que deberá entregar el usuario será un porcentaje sobre el precio que dependerá del periodo total de la estancia.
사용자가 건네야 할 금액은 전체 체류 기간에 따른 금액의 1%가 될 것이다.

### 7 depositar
㈜ depósito (nm) 보관, 보관소

재산이나 귀중품을 맡기다.
Debe depositar su equipaje en el mostrador.
카운터에 당신의 짐을 맡겨야 합니다.

### 8 destacar
⑤ enfatizar 강조하다

두드러지다. 강조하다.
Hay una alumna que destaca entre todos.
전체 학생중에서 두드러지는 여학생이 하나 있다.

### 9 dirigir(se)

감독하다. 관리하다. (~se)+a ~로 향하다.
¿Cómo es la experiencia de dirigir esta serie?
이 시리즈를 감독한 경험은 어땠나요?

### 10 discutir
⑤ controvertir 논쟁하다
㈜ discurso (nm) 연설, 강연

토론하다. 말싸움하다.
No es este el momento de discutir.
지금은 논쟁할 때가 아니다.

### 11 echar

던지다. 넣다.
Ponemos la cebolla a la carne y después echamos sal.
우리는 고기에 양파를 넣고 그 다음에 소금을 넣는다.

✱ echar de menos a : (누구를) 그리워 하다. 보고 싶어 하다.

### 12 editar
㈜ editorial (nf) 출판사

종사하다. 출판하다.
La editorial me propuso editar mi tercera novela.
출판사는 내게 나의 세번째 소설 출판을 제안했다.

### 13 efectuar
⑤ llevar a cabo 시행하다

실행하다.
El metro efectuará su salida a las ocho.
지하철은 8시에 출발할 것이다.

### 14 ejercer
㈜ ejercicio (nm) 연습, 신체운동

종사하다. 행하다.
Carlos es ingeniero, pero no ejerce.
까를로스는 엔지니어지만 지금은 그 일에 종사하지 않는다.

### 15 entrevistar
㈜ entrevista (nf) 인터뷰

인터뷰하다.
Me gustaría entrevistar a Messi.
나는 메시를 인터뷰하고 싶다.

**16 examinar**

조사하다. (~에게) 시험을 실시하다.
Examinaremos tu caso.
너의 사건을 우리는 조사할 것이다.

**17 excusar**
유 excusa (nf) 변명

용서하다. 변명하다.
Excusó el comportamiento de su hermano menor.
그는 남동생의 행동을 용서했다.

**18 frecuentar**
유 frecuente 빈번한, 자주 일어나는

자주가다. ~을 하곤 하다.
¿Usted frecuenta restaurantes lujosos?
당신은 고급 레스토랑에 자주 갑니까?

**19 fregar**

문질러 닦다.
¿Has fregado los platos?
너는 설거지를 했니?

**20 fugarse**
동 escaparse 도망치다

도망치다.
Se fugaron de la prisión.
그들은 탈옥했다.

**21 inaugurar**
동 iniciar 시작하다

개장하다. 개회식을 거행하다.
Walmart inauguró en abril dos tiendas en México.
월마트는 4월에 멕시코에 2개의 가게를 열었다.

**22 investigar**
유 investigador/a (nm,f) 연구자

조사하다.
Hay que investigar la causa.
원인을 조사해야만 한다.

**23 invitar**
유 invitado/a (nm,f) 손님

(+a) ~에 초대하다.
Me han invitado a una fiesta.
그들은 나를 파티에 초대했다.

### 24 navegar
파 nave (nf) 배

항해하다.
**Navegamos** hasta Busan.
우리는 부산까지 항해한다.

### 25 pertenecer

(+a) 에 속하다.
**Pertenece a** un grupo político.
그는 정치 단체에 속해 있다.

### 26 proponer
동 sugerir 제안하다

제안하다.
Han **propuesto** varias ideas.
그들은 다양한 아이디어를 제안 했다.

### 27 reflejar

반영하다. 반사하다.
Esa pregunta **refleja** su ignorancia.
그 질문은 그의 무지를 반영하고 있다.

### 28 reformar

고치다. 개정하다.
**Reformaron** la antigua casa al lado de la montaña.
그들은 산 옆에 있는 오래된 집을 고쳤다.

### 29 sostener
동 mantener 유지하다. 부양하다

받치다. 주장하다.
Cuatro columnas **sostienen** todo el peso de la cúpula.
4개의 기둥이 돔의 전체 무게를 받치고 있다.

### 30 subastar

경매하다.
El museo **subastará** el cuadro de Dalí.
박물관은 달리 그림을 경매할 것이다.

델레 B1

## 22 듣기 필수 단어

| | | |
|---|---|---|
| comedia | nf. | 코미디 |
| romántico/a | adj. | 낭만주의의 |
| !Qué va! | Intej. | 물론 아니지 |
| !Hombre! | Intej. | 이봐 |
| apuntes | nm. | 필기노트 |
| un par de días | | 이틀 |
| esquís | nm. | 스키 |
| bota | nf. | 장화 |
| en vez de | loc.prep. | ~대신에 |
| locutora de radio | nf. | 라디오 아나운서 |
| exótico/a | adj. | 이국적인 |
| jurado/a | nm,f. | 심사위원 |
| mascota | nf. | 애완동물 |
| por el contrario | loc.adv. | 반대로 |
| desierto | nm. | 사막 |
| improvisado/a | adj. | 즉흥적 |
| intención | nf. | 목적 |
| medio/a | adj. | 절반의, 중간의 |
| media | nf. | 평균 |
| barco | nm. | 배 |
| motor | nm. | 엔진 |
| decena | nf. | 10개 |
| gasolina | nf. | 가솔린 |
| pájaro | nm. | (작은) 새 |
| visado | nm. | 비자 |
| apuro económico | nm. | 경제적인 궁핍 |
| época | nf. | 시대 |
| beneficio de ventas | nm. | 판매 이익 |

| | | |
|---|---|---|
| poco a poco | loc.adv. | 천천히 |
| hogareño/a | adj. | 가정적인 |
| correo electrónico | nm. | 이메일 |
| con especialidad | loc.adv. | 특별히 |
| burrito | nm. | (요리) 부리또 |
| carne asada | nf. | 구운고기 |
| ensalada fresca | nf. | 신선한 샐러드 |
| ambiente familiar | nm. | 가족적인 분위기 |
| autoservicio | nm. | 셀프서비스 |
| excepcional | adj. | 특출난, 예외적인 |
| festival | nm. | 축제 |
| tercera edad | nf. | 노년기 |
| correcto/a | adj. | 옳은 |
| incorrecto/a | adj. | 옳치 않은 |
| intolerante | adj. | 옹졸한, 편협한 |
| obstinado/a | adj. | 완고한, 고집센 |
| perfeccionista | nm,f. | 완벽주의자 |
| completo/a | adj. | 완벽한 |
| extranjero/a | adj. | 외국의 |
| | nm,f. | 외국인 |
| extrovertido/a | adj. | 외향적인 |
| codicioso/a | adj. | 욕심이 많은 |
| valiente | adj. | 용감한 |
| torpe | adj. | 우둔한 |
| elegante | adj. | 우아한 |
| melancólico/a | adj. | 우울한 |

# Día 23

1 **adjuntar**
동봉하다.
Adjunto un archivo.
나는 파일하나를 첨부한다.

2 **beneficiarse**
이익이 되다.
No nos ha beneficiado nada el cambio de horario.
시간 변경은 우리에게 아무 이득도 되지 않는다.

3 **compartir**
공유하다.
Solía compartir piso con mi amigo.
나는 내 친구와 집을 공유하곤 했다.

4 **complementar**
ⓐ complemento (nm) 보충
보충하다.
Muchos tienen que complementar sus ingresos con horas extras.
많은 사람들은 추가 근무로 수입을 보충해야 한다.

5 **consumir**
ⓐ consumidor/a (nm,f) 소비자
소비하다.
Es recomendable consumir más frutas y verduras.
더 많은 과일과 야채를 소비할 것을 권합니다.

6 **contentar(se)**
ⓐ contento/a (adj) 만족한
만족시키다. (~se) 만족하다.
Es muy fácil de contentar.
만족시키는것은 아주 쉽다.

**7 desafiar**

도전하다. 부추기다.

Le desafío a ir al centro comercial.

나는 그에게 쇼핑몰 갈 것을 부추기고 있다.

**8 desaparecer**

사라지다.

Manuel desapareció de la escuela.

마누엘은 학교에서 사라졌다.

**9 desarrollar(se)**

발전시키다. (~se) 성장하다. 발전하다.

La proteína es imprescindible para desarrollarse.

단백질은 성장을 위해 반드시 필요하다.

**10 detallar**
동 detallado/a (adj) 자세한

상세히 말하다.

La descripción que dan en su página web no es muy detallada.

그의 웹페이지에 있는 서술은 아주 자세하지가 않다.

**11 divertirse**
동 entretenerse 즐기다

즐기다.

Me divertí investigando.

연구하면서 즐거웠다.

**12 elaborar**

만들다. (계획등을) 세우다.

Él cree que es posible elaborar una muestra de ADN.

그는 DNA 샘플을 만드는 것이 가능하다고 생각한다.

**13 eliminar**
동 quitar 제거하다.

제거하다. (운동시합) ~을 탈락시키다.

Lo eliminaron en la segunda ronda.

그는 2라운드에서 탈락했다.

**14 envidiar**
동 envidia (nf) 시샘

부러워하다.

Lo envidio porque lo tiene todo.

나는 그가 모든 것을 가졌기 때문에 그를 부러워한다.

**15 envolver**

포장하다.

Me encanta envolver los regalos de Navidad.

나는 크리스마스 선물 포장하는 것을 좋아한다.

델레 B1  159

### 16 experimentar

체험하다. 시험해보다.
Honduras y Guatemala experimentaron una temporada de lluvias intensas en 2008.
온두라스와 과테말라는 2008년에 심한 우기를 겪었다.

### 17 explicar
㈜ explicación (nf) 설명

설명하다.
El profesor explica cómo se pone una mascarilla.
선생님은 어떻게 마스크를 쓰는지 설명하고 있다.

### 18 extrañar(se)
㈜ extraño/a (adj) 이상한

그리워하다. (~se) 이상하게 생각하다.
No me extraña nada que no haya venido.
그가 오지 않았던 것이 내게는 전혀 이상하지 않다.

### 19 funcionar
㈜ función (nf) 공연, 기능

작동하다.
Un aparato ha dejado de funcionar.
어떤 기구가 작동을 멈췄다.

### 20 librarse
㈜ emanciparse 독립하다
㈜ libertad (nf) 자유

(+de) 자유로와지다. 해방되다.
Me libré de tener que ir a la fiesta.
파티에 가야만 하는 것에서 해방되었다.

### 21 obedecer

복종하다. ~을 따르다.
Obedecí la opinión de la mayoría.
나는 다수의 의견에 따랐다.

### 22 observar
㈜ observación (nf) 관찰

관찰하다. 알아차리다.
He observado la presencia de un desconocido.
나는 모른 사람이 있다는 것을 알아차렸다.

### 23 proteger
㈜ protección (nf) 보호

보호하다.
Los padres responsables protegen a sus hijos.
책임있는 부모들은 그들의 자녀들을 잘 보호한다.

| 24 **proyectar** | 상영하다. 분출하다.<br>Proyecta una película todos los viernes.<br>매주 금요일마다 영화를 상영한다. |
|---|---|
| 25 **regalar**<br>⑧ obsequiar 선물하다 | 선물하다.<br>¿Qué le regalarás para Navidad?<br>너는 그에게 크리스마스를 위한 선물로 뭘 할거니? |
| 26 **seleccionar** | 선택하다.<br>Para este estudio, los investigadores seleccionaron a 104 hombres y mujeres.<br>이 연구를 위해서, 연구자들은 104명의 남자와 여자를 선택했다. |
| 27 **sentarse** | 앉다.<br>Siéntate.<br>앉아라. |
| 28 **subrayar** | 강조하다. 밑줄을 긋다.<br>Le gustaría subrayar las frases importantes.<br>그는 중요한 문장들에 밑줄을 긋고 싶어 한다. |
| 29 **sugerir**<br>⑧ proponer 제안하다<br>㉤ sugerencia (nf) 제안 | 제안하다.<br>Han sugerido varias ideas.<br>그들은 다양한 아이디어를 제안 했다. |
| 30 **visitar**<br>㉤ visitante (nm,f) 방문객 | 방문하다.<br>Los artistas viajeros visitan el Museo Nacional.<br>여행하는 예술가들은 국립 박물관을 방문한다. |

## 23 듣기 필수 단어

| | | |
|---|---|---|
| miembro/a | nm,f. | 회원 |
| previamente | adv. | 미리, 사전에 |
| exhibición | nf. | 전시회, 박람회 |
| inalámbrico/a | adj. | 무선의 |
| arena | nf. | 모래 |
| bañista | nm,f. | 해수욕객 |
| paseo marítimo | nm. | 해변의 산책로 |
| orilla | nf. | 해안가 |
| embarcación | nf. | 선박, 승선 |
| conflicto | nm. | 갈등 |
| norma | nf. | 규칙 |
| silencio | nm. | 침묵 |
| revista | nf. | 잡지 |
| servicio de préstamo | nm. | 대여 서비스 |
| aniversario | nm. | 기념일(식) |
| parque temático | nm. | 테마 공원 |
| inolvidable | adj. | 잊을 수 없는 |
| banquete | nm. | 연회, 축하연 |
| desfile | nm. | 행진 |
| magnífico/a | adj. | 훌륭한, 장엄한 |
| entretenimiento | nm. | 오락, 즐거움, 기분전환 |
| guion | nm. | 시나리오 |
| juego | nm. | 게임, (운동의) 경기 |
| escénico/a | adj. | 무대의, 연극의 |
| títere | nm. | 꼭두각시 |
| intriga | nf. | 스릴 |
| tensión | nf. | 긴장 |
| medio ambiente | nm. | 환경 |

| | | |
|---|---|---|
| butaca | nf. | (극장의) 팔걸이 의자 |
| actuación | nf. | 공연 |
| contemporáneo/a | adj. | 동시대의 |
| importancia | nf. | 중요성, 세력 |
| pista de circo | nf. | 서커스 원형극장 |
| tenor | nm. | 테너 |
| soprano | nm. | 소프라노 |
| banda | nf. | 밴드 |
| roquero/a | adj. | 록(rock)의 |
| | nm,f. | 록가수 |
| flequillo | nm. | 앞머리 |
| pescadería | nf. | 생선가게 |
| peluquería | nf. | 미용실 |
| indeciso/a | adj. | 우유부단한 |
| amigable | adj. | 우호적인 |
| quieto/a | adj. | 평온한 |
| grave | adj. | 위중한 |
| arriesgado/a | adj. | 모험적인, 대담한 |
| peligroso/a | adj. | 위험한 |
| famoso/a | adj. | 유명한, 이름난 |
| flexible | adj. | 융통성이있는 |
| dudoso/a | adj. | 의심스러운 |
| desconfiado/a | adj. | 의심하는 |
| dependiente | adj. | 의존하는, (nm,f) 판매원 |
| amistoso/a | adj. | 사이좋은, 우호적인 |
| egoísta | adj. | 이기주의의 |

# Día 24

**1 abonar**

지불하다.
Tienes que abonar una comisión de 200 dólares.
너는 200 달러의 수수료를 지불해야만 한다.

**2 adoptar**

(대책, 결정을) 취하다. 입양하다.
La empresa adoptó medidas para mejorar las ventas.
회사는 판매를 개선하기 위한 조치를 취했다.

**3 adornar**
(동) decorar 장식하다

장식하다.
Adornó la habitación con cuadros.
그림으로 방을 장식했다.

**4 arriesgarse**

위험을 무릅쓰다.
Un amigo es alguien que se arriesga por mí.
친구는 나 때문에 위험을 무릅쓰는 사람이다(누군가이다).

**5 bucear**
(패) buceo (nm) 잠수

잠수하다.
¿Qué hay que tener en cuenta para bucear?
잠수하기 위해 무엇을 고려해야만 하나요?

**6 comportarse**

행동하다.
Ella se comporta como una madre.
그녀는 엄마처럼 행동한다.

7 **contradecirse**
㈜ contradicción (nf) 모순

(+con) ~와 모순되다.
Sus palabras se contradicen con sus actos.
그의 말은 행동과 모순된다.

8 **contraer**

(병에) 걸리다. 수축시키다.
Creo que contrajo una enfermedad infecciosa.
나는 그가 전염병에 걸렸다고 생각한다.

9 **detener(se)**

정지시키다. (~se) 멈추다.
Los bomberos lograron detener el fuego.
소방관들이 결국 불길을 잡았다.

10 **empeñarse**
㈜ insistir 고집하다

(+en) 을 고집하다.
No sé por qué te empeñas en hablar de ello.
너는 왜 그것에 관해서 얘기하길 고집하는지 모르겠다.

11 **equilibrar**
㈜ equilibrio (nf) 균형

균형을 잡다.
Ahora empiezo a equilibrar la balanza, ya no lloro.
나는 균형을 잡기 시작했고, 지금은 울지 않는다.

12 **equivocarse**

(+de) 착각하다. 실수하다. 틀리다.
Te has equivocado de piso.
너는 층을 착각했다.

13 **explotar**

개척하다. 개발하다.
Este país tiene muchos recursos naturales que aún no han sido explotados.
이 나라는 아직 개발되지 않은 많은 천연자원을 가지고 있다.

14 **expresar**

표현하다.
Expresa tu queja.
너의 불만을 표현해라.

15 **fundar(se)**

설립하다. (~se) 설립되다.
Es una empresa privada que se fundó en 1997.
1997년에 설립된 사기업이다.

델레 B1 **165**

### 16 gobernar
@ gobierno (nm) 정부

통치하다. 지배하다.
Ningún gobierno puede gobernar sin el consentimiento de su pueblo.
어떠한 정부도 국민의 합의 없이 통치할 수 없다.

### 17 industrializar

산업화시키다.
¿Qué se necesita para industrializar un país?
한 국가를 산업화 하기 위해 필요한 것은 무엇인가?

### 18 jugar

놀다. 운동을 하다.
Juega al ajedrez muy bien.
그는 체스를 아주 잘 한다.

### 19 lamentar

유감스럽다.
Lamento tener que tomar una decisión así.
그렇게 결정해야만 하는 것이 유감스럽다.

### 20 obligar

강요하다. (+a+동사원형) (어쩔수 없이) ~하게 하다.
Yo tengo un trabajo que me obliga a viajar continuamente.
나는 출장을 갈 수 밖에 없는 일을 하고 있다.

### 21 obsequiar
⑧ regalar 선물하다

선물하다.
Le obsequiaron un reloj como recuerdo.
그들은 그에게 기념품으로 시계를 선물 했다.

### 22 plantear

제기하다. 야기하다. (~se) 심사숙고하다.
Estos temas plantean muchos retos para la comunidad científica y tecnológica.
이러한 주제는 과학계와 기술계에 많은 도전과제를 야기한다.

### 23 portar(se)
@ porteador/a (nm,f) 운반인

운반하다. (~se) 행동하다.
Tiene el cincuenta por ciento de posibilidades de portar el gen.
그 유전자를 옮길 가능성은 50%이다.

**24 posponer**
유 aplazar 연기하다

연기하다.
Vamos a posponer esta fiesta hasta entonces.
그때 까지 이 파티를 연기하자.

**25 quedar(se)**

남기다. 약속을 정하다. (~se) 머물다.
Podemos quedar a las 7.
우리는 7시로 약속을 정할수 있다.

**26 quejarse**
유 queja (nf) 불평

(+de) 불평하다.
No sé de qué te quejas.
네가 무엇에 대해 불평하는지 모르겠다.

**27 rellenar**

기입하다.
Para hacer una reserva, rellene el siguiente formulario.
예약을 하기 위해서는 다음 신청서를 작성하세요.

**28 servir**

서비스하다. (+para) 유용하다.
¿Para que sirve esto?
이것은 무엇에 유용하나요?

**29 sumarse**

(+a) 참가하다. 합류하다.
Ellos se suman a una huelga.
그들은 시위에 참가하고 있다.

**30 suministrar**
유 abastecer 공급하다

제공하다. 공급하다.
La central eléctrica suministra electricidad a la ciudad entera.
전기발전소는 도시 전체에 전기를 공급한다.

델레 B1

## 24 듣기 필수 단어

| | | |
|---|---|---|
| peluquero/a | nm,f. | 미용사 |
| salsa | nf. | 소스, (춤) 살사 |
| timba | nf. | 띰바(춤이름) |
| reggaeton | nm. | 레게통(춤이름) |
| merengue | nm. | 메렝게(춤이름) |
| bachata | nf. | 바차타(춤이름) |
| éxito | nm. | 성공 |
| juventud | nf. | 젊은 시절 |
| miel | nf. | 꿀 |
| sierra | nf. | 산맥, 산 |
| gorro | nm. | 테없는 모자 |
| sin falta | loc.adv. | 반드시 |
| espacioso/a | adj. | 널찍한 |
| tostadora | nf. | 토스터기 |
| cafetera | nf. | 커피메이커 |
| licuadora | nf. | 믹서 |
| estadio de fútbol | nm. | 축구장 |
| puente | nm. | 다리, 연휴 |
| mochila | nf. | 가방 |
| nadador/a | nm,f. | 수영선수 |
| diario | nm. | 일기, 일간지 |
| karate | nm. | 가라데 |
| musculación | nf. | 근육강화 |
| enciclopedia | nf. | 백과사전 |
| amante | nm,f. | 애호가, 연인 |
| lectura | nf. | 독서 |
| literatura | nf. | 문학 |
| librería | nf. | 서점 |

| | | |
|---|---|---|
| autor/a | nm,f. | 저자 |
| crítico/a | adj. | 비평의, 심각한 |
| | nm,f | 비평가 |
| asistencia | nf. | 출석, 참가 |
| clausura | nf. | 종료, 폐쇄 |
| poema | nm. | 시 |
| clásico/a | adj. | 고전의 |
| jubilación | nf. | 퇴직, 연금 |
| precisamente | adv. | 확실히 |
| cristal | nm. | 유리 |
| isla | nf. | 섬 |
| accidentalmente | adv. | 우연히 |
| arzobispo | nm. | 대주교 |
| extraño/a | adj. | 이상한 |
| inusual | adj. | 색다른, 특이한 |
| racional | adj. | 이성의, 합리적인 |
| absurdo/a | adj. | 이치에 맞지않는 |
| altruista | adj. | 이타적인 |
| comprensivo/a | adj. | 이해력이 있는 |
| anónimo/a | adj. | 익명의 |
| chistoso/a | adj. | 익살맞은 |
| perseverante | adj. | 인내심 강한, 끈기 있는 |
| paciente | adj. | 인내심 있는 |
| tacaño/a | adj. | 인색한 |
| | nm,f | 구두쇠 |
| compasivo/a | adj. | 인정 많은, 다정다감한 |
| general | adj. | 일반적인 |

# Día 25

1 **abordar**

탑승하다.
Antes de **abordar** el avión, cambie el pañal de su bebé.
비행기에 탑승하기 전에 아이 기저귀를 갈아주세요.

2 **advertir**
㉠ advertencia (nf) 주의, 경고

알아차리다. 경고하다.
Te **advertí** que esto pasaría.
나는 이런 일이 일어날 것이라고 너에게 경고했다.

3 **animarse**

원기를 회복하다.
¡**Anímate**!
기운내.

4 **ascender**
㉠ ascenso (nm) 승진

오르다. 승진하다.
Me **ascendieron** el año pasado.
나는 작년에 승진했다.

5 **averiguar**
⑤ investigar 조사하다

조사하다.
Creo que **averiguaron** que David y Pam se conocían.
나는 다비드와 팜이 서로 알고 있었다는 것을 그들이 조사했다고 생각한다.

6 **calcular**

계산하다. 예측하다.
**Calculo** que habrá acabado dentro de una hora.
나는 한시간 후에 끝나 있을 것을 예측한다.

### 7 comentar
유 comentario (nm) 논평

해설하다. 논평하다.
Estuvimos comentando lo que había pasado en la oficina.
우리는 사무실에서 일어났던 일에 대해 언급하고 있었다.

### 8 comunicarse

소통하다.
Le cuesta mucho comunicarse con sus compañeros.
그는 그의 동료들과 소통하는 것을 많이 힘들어 한다.

### 9 convenir
유 conveniente 적절한, 편리한

바람직하다. 좋은 생각이다.
No conviene que vayas temprano.
너가 일찍 가는 것은 좋은 생각이 아니다.

### 10 convocar
유 anunciar 알리다

알리다. 소집하다.
Estoy en el edificio donde convocaron a la reunión.
나는 회의가 소집되었던 건물에 있다.

### 11 elegir
동 escoger 선택하다
유 elecciones (nf.pl) 선거

고르다. 선출하다.
Puedes elegir y desarrollar soluciones de acuerdo con tus necesidades.
너는 너의 필요에 따라 해결책을 선택하고 시행할 수 있다.

※ de acuerdo con : 에 따라서

### 12 emprender

착수하다. 개시하다.
Al oír la sirena emprendieron la huida.
사이렌을 들었을때, 그들은 도주하기 시작했다.

### 13 escalar
유 escalada (nf) 등반

등반하다. 올라가다.
Escaló la pared utilizando una cuerda.
그는 줄을 이용해서 벽을 올라 갔다.

### 14 expulsar

추방하다.
El estudiante fue expulsado por mala conducta.
학생은 좋지 못한 행동 때문에 퇴학 당했다.

### 15 extender
동 expandir 넓히다. 퍼뜨리다

확장하다. 펼치다.
Esa es la única forma de extender esta página web.
그것은 웹 페이지를 확장하기 위한 유일한 방법이다.

### 16 graduarse
졸업하다.
¿Hay alguna forma de graduarse sin hacer la obra?
작품을 만들지 않고 졸업할수 있는 방법이 있니?

### 17 madurar
⑪ maduro/a (adj) 성숙한

성숙해지다. 익히다.
Creo que ha madurado mucho.
나는 그가 많이 성숙했다고 생각한다.

### 18 practicar
⑧ ensayar 연습하다

실행하다. 연습하다.
Practica con esfuerzo para ganar el premio.
그는 상을 타기 위해 열심히 연습한다.

### 19 quebrar
⑧ arruinarse 파산하다

파산하다.
La empresa de mi tío casi quebró el año pasado.
삼촌의 회사는 작년에 거의 파산했다.

### 20 quemarse
(불에) 타다. 데다.
Me quemé los dedos.
손가락을 데었다.

### 21 rabiar
⑪ rabia (nf) 분노

화내다.
Solo lo dije para hacerte rabiar.
나는 단지 너를 화내게 하기 위해서 그것을 말했다.

### 22 remediar
바로잡다. 개선(교정)하다.
Remediaremos el problema lo antes posible.
가능한 한 빨리 문제를 개선할 것입니다.

### 23 rendir
타파하다. (경의 등을) 표하다.
Rinden homenaje a sus veteranos de guerra una vez al año.
그들은 일년에 한번 퇴역 군인들에게 경의를 표한다.

※ rendir homenaje a : 에 경의를 표하다.

### 24 rodear
둘러싸다.
Los leones rodean a su presa.
사자들이 그들의 사냥감을 둘러싸고 있다.

### 25 sacrificar
희생하다.
Sacrifiqué salir con mi novio durante unos meses para aprobar el examen Dele.
나는 델레시험 합격을 위해 몇 달동안 남자친구와 데이트 하는 것을 희생했다.

### 26 significar
의미하다.
No significa nada para mí.
내겐 아무 의미도 없다.

### 27 sonar
울리다. ~로 들리다.
Sonó el timbre y salió corriendo.
벨이 울려서 달려 나갔다.

### 28 suponer
의미하다. 생각하다.
Este descubrimiento supone un importante avance para la ciencia.
이 발견은 과학의 중요한 진보를 의미한다.

### 29 suprimir
폐지하다.
Han suprimido las transmisiones deportivas.
스포츠 중계방송을 폐지했다.

### 30 surgir
(갑자기) 나타나다. 분출하다.
Ibamos a hacerlo, pero surgió un problema.
그것을 하려고 했지만, 문제가 생겼다.

## 25 듣기 필수 단어

| | | |
|---|---|---|
| archipiélago | nm. | 군도 |
| actualmente | adv. | 현재 |
| provincia | nf. | 소도시, 지방 |
| prácticamente | adv. | 실제로 |
| habitado/a | adj. | 거주하고 있는 |
| deshabitado/a | adj. | 사람이 살고 있지 않은 |
| terrestre | adj. | 지구의, 육지의 |
| marino/a | adj. | 바다의 |
| intacto/a | adj. | 훼손되지 않은, 순수한 |
| flora | nf. | 식물군 |
| nativo/a | adj. | 출생지의 |
| | nm,f. | 현지인 |
| endémico/a | adj. | 그 지방 특유의 |
| según | prep. | ~에 의하면 |
| alrededor de | loc.prep. | 근처에 |
| semilla | nf. | 씨앗 |
| planta | nf. | 식물, 층 |
| fauna | nf. | 동물군 |
| autóctono/a | adj. | 토착의 |
| | nm,f. | 토착민 |
| pingüino | nm. | 펭귄 |
| estrella | nf. | 별, 인기배우 |
| solitario/a | adj. | 고독한 |
| por último | loc.adv. | 끝으로 |
| clima | nm. | 기후 |
| climático/a | adj. | 기후의 |
| temporada de lluvias | loc.nom. | 우기 |
| temporada seca | loc.nom. | 건기 |

| | | |
|---|---|---|
| cálido/a | adj. | 더운 |
| brillante | adj. | 번쩍이는, 탁월한 |
| huevo | nm. | (새와 동물의) 알, 달걀 |
| hembra | nf. | 암컷 |
| nido | nm. | 둥지 |
| junto a | loc.prep. | ~옆에 |
| garaje | nm. | 차고 |
| día laborable | nm. | 일하는날 |
| bolsa de deporte | nf. | 스포츠 가방 |
| distraído/a | adj. | 주위가 산만한 |
| llavero | nm | 열쇠고리 |
| sonido | nm. | 소리 |
| intenso/a | adj. | 격렬한, 강한, 격한 |
| intermitente | adj. | 간헐적인 |
| orgulloso/a | adj. | 자부하는, 오만한 |
| voluntario/a | adj. | 자발적인 |
| libre | adj. | 자유로운 |
| disponible | adj. | 자유로이 사용할 수 있는 |
| pequeño/a | adj. | 작은 |
| cruel | adj. | 잔혹한, 비인간적인 |
| dormido/a | adj. | 잠이 든 |
| travieso/a | adj. | 장난기 많은 |
| interesante | adj. | 재미있는 |
| ingenioso/a | adj. | 창의력이 있는 |
| inadecuado/a | adj. | 적당하지 않은 |
| acomodado/a | adj. | 편리한, 마음이 편한 |
| hostil | adj. | 적대적인 |

# Ejercicio 05

**적절한 단어를 골라 봅니다.**

**01** Me _____ en la habitación de invitados.

그들은 나를 손님 방에 묵게 했다.

① albergaron  ② aislaron

**02** Tienen que _____ lo antes posible.

그들은 가능한 한 빨리 등록해야만 합니다.

① apuntarse  ② anotar

**03** Hay una alumna que _____ entre todos.

전체 학생 중에서 두드러지는 여학생이 하나 있다.

① destaca  ② deposita

**04** Él cree que es posible _____ una muestra de ADN.

그는 DNA 표본을 만드는 것이 가능하다고 생각한다.

① eliminar  ② elaborar

**05** Un amigo es alguien que _____ por mí.

친구는 나 때문에 위험을 무릅 쓰는 사람이다.

① se arrepiente  ② se arriesga

**06** Yo tengo un trabajo que _____ a viajar continuamente.

나는 출장을 갈 수 밖에 없는 일을 하고 있다.

① me obliga  ② se porta

**07** Me _____ el año pasado.

나는 작년에 승진했다.

① descendieron　　　　② ascendieron

**08** Puedes _____ y desarrollar soluciones de acuerdo con tus necesidades.

너는 너의 필요에 따라 해결책을 선택하고 시행할 수 있다.

① elegir　　　　② optar

**09** ¿_____ salir con mi novio durante unos meses para aprobar el examen Dele?

델레시험 합격을 위해 몇달 동안 남자친구와 데이트 하는 것을 희생했다.

① sacrifiqué　　　　② signifiqué

**10** Han _____ las transmisiones deportivas.

스포츠 중계방송을 폐지했다.

① suprimido　　　　② transmitido

### 동의어 찾기

| | | | | |
|---|---|---|---|---|
| extender | ① | | Ⓐ | obsequiar |
| suministrar | ② | | Ⓑ | abastecer |
| adornar | ③ | | Ⓒ | reforzar |
| regalar | ④ | | Ⓓ | decorar |
| fortalecer | ⑤ | | Ⓔ | expandir |

● 적절한 단어를 골라 봅니다 1 ① 2 ① 3 ① 4 ② 5 ② 6 ① 7 ② 8 ① 9 ① 10 ① ● 동의어찾기 ① - Ⓔ ② - Ⓑ ③ - Ⓓ ④ - Ⓐ ⑤ - Ⓒ

# Día 26

1 **afianzar**

확고히 하다.
La empresa ha afianzado su posición en la zona.
회사는 그 지역에서 입지를 굳혔다.

2 **asociar**
㈜ asociación (nf) 협회, 조합

결부짓다.
En este capítulo nos gustaría asociar dos conceptos.
이 장에서 우리는 두 가지 개념을 연결시키고 싶다.

3 **bajar**

내리다.
La música estaba muy alta, así que bajé el volumen.
음악 소리가 너무 커서 나는 볼륨을 낮췄다.

✲ en voz baja 낮은 목소리로

4 **calmar**
㉾ sosegar 진정시키다

진정시키다.
Haz algo para calmar a tu gato.
너의 고양이를 진정시키기 위해 뭔가를 해라.

5 **cometer**

(실수, 범죄를) 저지르다.
Todos cometemos errores.
우리 모두는 실수를 한다.

6 **concurrir**
㉾ reunirse 모이다

한군데 모이다.
Concurrieron a la reunión muchos vecinos.
많은 이웃들이 회의에 모였다.

## 7 cumplir
동 realizar 이행, 수행하다

실행하다. ~(나이) 살이다.
El año que viene cumpliré los 20.
내년에 20살이 된다.

## 8 dedicar(se)

(+a) (시간, 돈, 에너지) 를 쏟아 붓다. (~se) (사람,활동) 에 시간을 쓰다.
La empresa Sigma se dedica a productos para el sector de la restauración.
Sigma 회사는 요식 분야를 위한 상품에 주력하고 있다.

※ dedicarse + a : 종사하다.
¿A qué se dedica? 직업이 뭔가요?

## 9 digitalizar

디지털화하다.
Google ha empezado a digitalizar 5 millones de libros.
구글은 5백만권의 책을 디지털하기 시작했다.

## 10 emocionarse
동 conmoverse 감동하다

감동하다.
Todos en el refugio se van a emocionar mucho.
보호소에 있는 모든 사람들은 많이 감동할 것이다.

## 11 esparcir

흩뿌리다.
Hay que esparcir las flores.
꽃들을 흩뿌려야 합니다.

## 12 fabricar
파 fabricante (nm,f) 제조업자

제조하다.
Mi empresa fabrica y vende sillas y mesas.
나의 회사는 의자와 책상을 만들어서 판다.

## 13 fallar

실패하다. 기대에 부응하지 못하다.
La economía ha fallado.
경제는 실패했다.

## 14 familiarizarse
동 acostumbrarse a 에 익숙하다

(+con) 익숙해지다. 적응하다.
En pocos días se familiarizó con los nombres de todos los alumnos.
그는 며칠 안에 모든 학생들의 이름에 익숙해졌다.

델레 B1 **179**

### 15 herir
㊟ herido/a (nm,f) 부상자

상처를 입히다.
La respuesta le hirió profundamente.
대답은 그에게 깊은 상처를 주었다.

### 16 inspirarse
㊟ inspirado/a (adj) 영감을 받은

(+en) ~에서 영감을 받다.
Su trabajo se inspira en los clásicos.
그의 작업은 클래식에서 영감을 받는다.

### 17 mandar
㊌ enviar 보내다

보내다. 명령하다.
Le he mandado un paquete por correo.
나는 그에게 우편으로 소포를 보냈다.

### 18 manifestar(se)

밝히다. 표명하다. (~se) 시위하다.
Manifestó su enfado golpeando la mesa.
그는 책상을 치면서 그의 분노를 드러냈다.

### 19 marcharse

떠나다.
Se marchó de aquí cuando era muy pequeño.
그는 어렸을 때 여기에서 떠났다.

※※ Poner en marcha : ~을 추진하다.

### 20 operar

수술하다.
El Dr. Kim operó a mi padre hace unas semanas.
김박사가가 몇 주 전에 나의 아버지를 수술했다.

### 21 opinar

의견을 가지다.
¿Qué opina usted sobre la guerra de Irak?
당신은 이라크 전쟁에 대해 어떤 생각을 갖고 있습니까?

### 22 predecir
㊌ pronosticar 예보,예측하다

예언하다. 예보하다.
Hasta ahora todo lo que ha predicho se ha hecho realidad.
지금까지 당신이 예언한 모든것은 현실이 되었다.

### 23 predominar

(영향력에서) 우위를 점하고 있다. (양, 수, 강도가) 지배적이다. 두드러지다.
En su cuadro predominan los elementos abstractos.
그의 그림에는 추상적인 요소들이 두드러지다

### 24 presenciar

목격하다.
Presencié la pelea entre los dos jóvenes.
나는 두 젊은이 간의 싸움을 목격했다.

### 25 ratificar

비준하다. 승인하다.
El gobierno no ratificó la petición de la comunidad autónoma de ser independiente.
정부는 독립에 대한 지방자치단체의 요청을 승인하지 않았다.

### 26 reparar
㈜ reparación (nf) 수리

수리하다.
¿Podría reparar la radio para mañana?
내일까지 라디오를 고쳐줄 수 있나요?

※ reparar en : (무엇에) 마음을 쓰다. 주의하다.

### 27 saltar
㈜ salto (nm) 도약

점프하다. 갑자기 나타나다.
Una sombra negra saltó sobre mí.
검은 그림자가 갑자기 내 위로 나타났다.

### 28 sanar(se)
㈜ sano 건강한

치료하다. 회복시키다. (~se) (병이) 낫다. 치료되다.
Hay dolor, pero después el cuerpo se sana.
고통은 있지만 나중에 몸은 치료가 된다.

### 29 sustituir

(+por) 대체하다.
Lo sustituyeron por uno mejor.
그들은 그것을 좀더 나은것으로 대체했다.

### 30 tapar
㊌ cubrir 덮다

덮다.
No puedes tapar el sol con un dedo.
손가락으로 태양을 가릴 수 없다.

## 26 듣기 필수 단어

| | | |
|---|---|---|
| audible | adj. | 들을수 있는, 들리는 |
| correspondiente | adj. | 해당하는, 상응하는 |
| exclusivo/a | adj. | 독점적인, 배타적인 |
| catálogo | nm. | 카탈로그 |
| búsqueda | nf. | 탐색, 수색 |
| característico/a | adj. | 특유의 |
| filosofía | nf. | 철학, 인생관 |
| mueble | nm. | 가구 |
| módico/a | adj. | (크기,양) 보통의, (가격) 합리적인 |
| a medida | loc.adj. | 주문제작한 |
| indispensable | adj. | 반드시 필요한 |
| roble | nm. | 떡갈나무 |
| blanquecino/a | adj. | 흰빛을 띤 |
| madera | nf. | 목재 |
| pata | nf. | (동물) 다리, (가구) 다리 |
| dependiente/a | nm,f. | 점원 |
| jornada completa | adv. | 풀타임 |
| media jornada | adv. | 파트타임 |
| experiencia previa | nf. | 이전 경험 |
| vehículo propio | nm. | 자신의 차량 |
| salario a convenir | nm. | (합의에 의한 적절한) 급여 |
| currículum vitae | nm. | 이력서 |
| porteño/a | adj. | 부에노스 아이레스의 |
| huelga | nf. | 시위 |
| transporte | nm. | 수송 수단 |
| director/a | nm,f. | (단체의) 장 |
| bailarín/a | nm,f | 댄서 |
| espectáculo | nm. | 공연 |

| | | |
|---|---|---|
| entrada | nf. | 입구, 표 |
| venezolano/a | adj. | 베네수엘라의 |
| | nm,f. | 베네수엘라사람 |
| negocio | nm. | 업무, 거래, 사업 |
| ubicación | nf. | 설치, 배치 |
| renta | nf. | 임대 |
| céntrico | adj. | 중앙의, 중심의 |
| establecido/a | adj. | 준비된, 작성된, 설립된 |
| plazo de presentación | nm. | 제출기한 |
| residente | adj. | 거주하는 |
| | nm,f. | 거주자 |
| educador/a | nm,f. | 교육자 |
| entidad | nf. | 기관 |
| juvenil | adj. | 청년의, 젊은 |
| moderado/a | adj. | (기후) 온화한, 적당한 |
| joven | nm,f. | 젊은이 |
| distraído/a | adj. | 정신이 딴 데 팔린 |
| deshonesto/a | adj. | 정직하지 못한 |
| honesto/a | adj. | 정직한 |
| mojado/a | adj. | 젖은, 습한 |
| discreto/a | adj. | 조심성이 많은 |
| tranquilo/a | adj. | 조용한, 고요한, 느긋한 |
| estrecho/a | adj. | 좁은 |
| culpable | adj. | 유죄의, 죄책감이 드는 |
| atento/a | adj. | 친절한, 주의 깊은 |
| precavido/a | adj. | 용의주도한 |
| mediano/a | adj. | 중간의 |

# Día 27

**1 abrazar**
㈜ abrazo (nm) 포옹

포옹하다.
Tengo ganas de abrazarte.
너를 안고 싶다.

**2 adherir**

(어떤 것을 다른 것에) 붙이다.
No adhieras este archivo a la base de datos.
너는 이 파일을 데이터베이스에 첨부하지 마라.

**3 adorar**
㈜ adoración (nf) 숭배

숭배하다.
Los niños lo adoran como maestro.
아이들은 그를 선생님으로서 숭배한다.

**4 agradar**

좋아하다. 기뻐하다.
Me agradó recibir tu correo electrónico.
나는 너의 이메일을 받아서 기뻤다. (너의 이메일 받는 것이 나를 기쁘게 한다)

**5 alzar**

올리다. 높이다.
Si está en la calle, tiene que alzar la voz.
만약 거리에 있다면 목소리를 높여야 한다.

**6 amueblar**
㈜ amueblado (adj) 가구가 비치된

(가구를) 들여놓다.
El apartamento está bien amueblado, muy amplio y muy limpio.
아파트는 가구가 잘 갖추어져 있고, 아주 넓고 깨끗하다.

### 7 apreciar
関 aprecio (nm) 존경, 경의

높이 평가하다.
**Nuestros clientes aprecian la experiencia de nuestro personal.**
우리 고객들은 우리 직원들의 경험을 높이 평가한다.

### 8 avanzar

전진시키다.
**Está avanzando mucho en sus estudios.**
그는 학업에서 많은 진전을 이루고 있다.

### 9 bostezar
関 bostezo (nm) 하품

하품하다.
**No tengo sueño, pero no puedo parar de bostezar.**
졸립지는 않지만, 하품하는 것을 멈출 수가 없다.

### 10 calzar

신발을 신기다. (~se) 신다.
**El príncipe calzó el zapato en el pie de la Cenicienta.**
왕자는 신데렐라의 발에 신발을 신겼다.

### 11 caracterizar
関 carácter (nm) 성격, 특징

특성을 나타내다. (무엇이) 특징이다.
**Hay dos elementos que caracterizan el presupuesto para 2025.**
2025년 예산에는 두 가지 특징이 있다.

### 12 certificar
関 certeza (nf) 확신

(서면으로) 증명하다.
**La experta certificó el cuadro como original.**
전문가는 그 그림을 원본으로 인증했다.

### 13 charlar
関 charla (nf) 수다, 잡담

이야기하다.
**Voy a charlar con mi compañero para averiguar la verdad.**
사실을 조사하기 위해 나의 동료와 얘기해 볼 것이다.

### 14 coger

잡다. 붙들다.
**¿Puedes coger el teléfono, por favor?**
전화 받을수 있나요?

### 15 confundir
関 confuso/a (adj) 혼란스러운

(+con) 혼동하다.
**Siempre lo confundo con su hermano gemelo.**
나는 항상 그의 쌍둥이 형제와 그를 혼동한다.

### 16 denominarse

~라는 이름이다.
Estos productos se denominan residuos peligrosos.
이러한 제품들을 유해 폐기물이라고 한다.

### 17 deprimirse
㈜ deprimido/a (adj) 우울한

우울해지다.
En invierno las personas se deprime mucho.
겨울에는 사람들이 많이 우울해 한다.

### 18 desempeñar

(의무나 임무를) 수행하다.
Las Naciones Unidas deberían desempeñar un papel mayor.
UN은 더 큰 역할을 수행해야만 한다.

### 19 digerir

소화시키다.
Mastica bien tu comida para que se pueda digerir bien.
소화가 잘 되도록 음식을 잘 씹어라.

### 20 ejecutar(se)
㈜ ejecución (nf) 실행

~을 시행하다. (~se) 시행되다.
Esto se ejecuta en todos los centros urbanos del país.
이것은 전국의 모든 도시 센터에서 시행된다.

### 21 garantizar

보증하다. 약속(다짐)하다.
Te garantizo que te lo devolveré el viernes.
금요일에 너에게 그것을 돌려줄 것을 약속할게.

### 22 rebajar

할인하다.
En enero rebajaron un 50% el precio de todos los artículos deportivos.
1월에 모든 스포츠용품을 50% 할인했다.

### 23 reclamar

요구하다.
Reclamó ante un tribunal una indemnización.
그는 법원에 보상을 요구했다.

### 24 **relatar**

이야기하다.
**El caso descrito en este párrafo relata mi propia experiencia.**
이 단락에 쓰인 사례는 나 자신의 경험을 이야기한 것이다.

### 25 **tardar**
동 retrasarse 지체하다

(+en) ~하는데 시간이 걸리다.
**Tardó un año en hacerlo.**
그는 그것을 하는데 일년이 걸렸다.

### 26 **tirar**
동 echar 던지다

던지다.
**Tiró las maletas y se tumbó en la cama.**
가방들을 던지고 침대에 누웠다.

### 27 **torcer(se)**

비틀다. (~se) 삐다.
**Él se torció el tobillo.**
그는 발목을 삐었다.

### 28 **transformarse**
동 convertirse en ~로 바뀌다

(+en) 변하다. 바뀌다.
**Una casa se ha transformado en un hotel.**
집이 호텔로 바뀌었다.

### 29 **tratar**

다루다. 취급하다.
**Debemos tratar bien a los mayores.**
우리는 어르신들에게 잘 대해야 한다.

### 30 **valer**
동 merecer 가치가 있다

가치가 있다.
**¿Cuánto vale?**
얼마인가요?

※ valer la pena : ~할 가치가 있다. (=merecer la pena)

델레 B1 **187**

## 27 듣기 필수 단어

| | | |
|---|---|---|
| estatal | adj. | 국가의 |
| relajación | nf. | 이완 |
| profesorado | nm. | 교수진 |
| afiliado/a | nm,f. | 가입자 |
| encuentro | nm. | 만남 |
| lectivo/a | adj. | 수업의 |
| primario/a | adj. | 처음의, 첫째의 |
| primaria | nf. | 초등 교육 |
| interactivo/a | adj. | 상호작용의 |
| camisa de rayas | nf. | 줄무늬 셔츠 |
| mancha | nf. | 얼룩 |
| artículo | nm. | 기사 |
| vocación | nf. | 천성, 재능 |
| mensaje | nm. | 메시지 |
| cajero/a | nm,f. | (상점) 출납담당자, (nm.) ATM기 |
| editor/a | nm,f. | 편집자 |
| paradójico/a | adj. | 역설적인, 모순되는 |
| radiofónico/a | adj. | 라디오방송의 |
| taller | nm. | 공방, 작업장, 워크샵 |
| pescado fresco | nm. | 신선한 생선 |
| melón | nm. | 멜론 |
| nevera | nf. | 냉장고 |
| terraza | nf. | 테라스 |
| estupendo/a | adj. | 훌륭한, 근사한, 굉장한 |
| gafas de sol | nf.pl. | 선글라스 |
| bombilla | nf. | 전구 |
| parada de autobús | nf. | 버스정류장 |
| pañuelo | nm. | 손수건 |

| | | |
|---|---|---|
| bolso | nm. | 핸드백 |
| original | adj. | 독창적인, 본래의 |
| sombrilla | nf. | 비치 파라솔 |
| gorra | nf. | 야구모자 |
| móvil | nm. | 핸드폰 |
| huerto | nm. | 농장 |
| patata | nf. | 감자 |
| delicioso/a | adj. | 맛있는 |
| vertical | adj. | 세로의 |
| horizontal | adj. | 가로의 |
| armario | nm. | 옷장 |
| ordenador | nm. | 컴퓨터 |
| teórico/a | adj. | 이론의 |
| placentero/a | adj. | 즐거운, 유쾌한 |
| divertido/a | adj. | 즐겁게 하는, 즐거운 |
| indiscreto/a | adj. | 분별없는 |
| local | adj. | 현지의 |
| | nm. | 장소, 점포 |
| provinciano/a | adj. | 지방의 |
| inteligente | adj. | 지적인 |
| progresista | nm,f. | 진보주의자 |
| verdadero/a | adj. | 진실한, 진짜의 |
| auténtico/a | adj. | 진정한, 진짜의 |
| resistente | adj. | 질긴, 단단한 |
| salado/a | adj. | 짠 |
| aprobatorio/a | adj. | 찬성의, 동의의 |
| pálido/a | adj. | 창백한 |

# Día 28

### 1. ausentarse

(+de) (장소를) 일시적으로 떠나다.
Leo se ha ausentado de la escuela por tres días.
레오는 3일동안 학교에 나오지 않고 있다.

### 2. circunscribirse

(+a) 한정하다. 제한하다.
En mi discurso me circunscribiré a aspectos políticos.
제 연설에서는 정치적인 측면만 다룰 것입니다.

### 3. concienciar

인식하게 하다.
Querían concienciar al gobierno de la necesidad de un cambio.
그들은 변화의 필요성에 대해 정부를 일깨우고 싶어 한다.

### 4. decorar

장식하다.
Más de 100 obras de arte decoran todo el Arthotel.
100개 이상의 예술작품이 Arthotel 전체를 장식한다.

### 5. demorarse

지연되다.
La presentación del documento se ha demorado por razones técnicas.
기술적인 이유로 문서의 제출이 지연되었다.

### 6. designar

지명하다.
Han designado a Gómez para el cargo.
그 직책에 고메즈를 지명했다.

### 7 detectar

감지하다. 간파하다.

El inspector detectó una fuga de energía.

조사관은 에너지 유출을 감지했다.

### 8 dispararse

급격히 증가하다.

La población de China se ha disparado durante el siglo pasado.

중국 인구는 지난 세기동안 급격히 증가했다.

### 9 embarazarse

임신하다.

¿Te ha dicho que ha tratado de embarazarse?

그가 임신하려고 했던 것을 너에게 말했니?

※ tratar de 동사원형 : ~하려고 시도하다

### 10 especializarse

(+en) 을 전공하다. 전문으로 하다.

¿En qué quería especializarse?

어떤 것을 전공하고 싶은가요?

### 11 esquiar
파 esquí (nm) 스키

스키타다.

Van a esquiar a los Alpes.

그들은 알프스에 스키타러 갈것이다.

### 12 expedir

발송하다. (증명서 등을) 발급하다.

Le fue expedido un visado.

비자가 그녀에게 발급되었다.

### 13 gozar
동 disfrutar de 향유하다

(+de) 향유하다. 만끽하다.

Ella goza de buena salud.

그녀는 건강을 누리고 있다.

### 14 guiar
파 guía (nf) 안내서

안내하다. 인도하다.

Sus palabras son duras, pero siempre me guía en la dirección correcta.

그들은 말을 심하게 하지만, 항상 나를 올바른 방향으로 이끈다.

### 15 ignorar
㊟ ignorancia (nf) 무지

무시하다. (무엇을) 모르다.
Ella lleva mucho tiempo ignorándome.
그녀가 나를 무시한 지 꽤 되었다.

### 16 independizarse

독립하다.
Cuando fui mayor de edad, me independicé.
나는 성인이 되었을 때, 독립했다.

### 17 indicar
㊟ indicador (nm) 표지

가르키다. 나타내다.
Este mensaje indica que no hay suficiente memoria disponible.
이 메시지는 사용가능한 메모리가 충분하지 않다는것을 나타내고 있다.

### 18 interferir

(+en) 참견하다. 간섭하다.
No quiero interferir en su vida privada.
나는 그의 사생활에 참견하고 싶지 않다.

### 19 jubilarse
㊟ jubilado/a 퇴직자

퇴직하다.
Mi padre se jubiló de su trabajo hace varios años.
아버지는 몇 년 전 직장에서 은퇴했다.

### 20 lastimarse

다치다.
Deja de jugar con ese cuchillo. Vas a lastimarte.
칼 가지고 노는 것을 중단해라. 다칠 것이다.

### 21 ocasionar

야기하다.
Este daño a las células normales ocasiona efectos secundarios.
정상 세포에 대한 이러한 손상은 부작용을 야기한다.

### 22 orientarse

(+a, hacia) (진로를) 정하다. ~ 향하다.
Estas medidas se deberían orientar a la dirección correcta.
이러한 대책들은 올바른 방향으로 나아가야 합니다.

### 23 principiar

시작하다. 개시하다.
Decidimos principiar al día siguiente.
우리는 다음날 시작하기로 결정했다.

## 24 reclutar
모집하다.
Puede ser difícil reclutar y entrenar nuevos voluntarios.
새로운 자원봉사자를 모집하고, 훈련하는 것은 어려울 수 있다.

## 25 remitir
㈜ remisión (nf) 발송

발송하다.
Remití el paquete por correo.
우편으로 소포를 발송했다.

## 26 retrasarse
㈜ retraso (nm) 지연, 지각

지연되다. 연기되다.
El vuelo se ha retrasado una hora.
비행기가 한 시간 지연되었다.

## 27 rezar
기도하다.
Todo lo que podemos hacer ahora es esperar y rezar.
우리가 지금 할수 있는 것은 기다리고, 기도하는 것이다.

## 28 señalar
㈜ señal (nf) 표시

지적하다. 언급하다.
Me señaló los errores que había cometido.
그는 내가 저지른 잘못을 지적했다.

## 29 tender
㈜ tendencia (nf) 경향

(+a) 하는 경향이 있다.
Tiende a enojarse con facilidad.
그는 쉽게 화내는 경향이 있다.

## 30 unificar
통합하다.
Ese fue el primer paso para unificar el país.
그것은 국가를 통합하기 위한 첫 번째 단계였다.

## 28 듣기 필수 단어

| | | |
|---|---|---|
| a través de | loc.prep. | ~을 통해서 |
| virtual | adj. | 가상의 |
| sencillo/a | adj. | 간단한 |
| cuestionario | nm. | 설문지 |
| noción | nf. | 개념 |
| potencia | nf. | 힘, 권력 |
| animación | nf. | 활기, 생기 |
| estadístico/a | adj. | 통계의 |
| coste | nm. | 비용 |
| práctico/a | adj. | 실제적인, 실용적인 |
| guardería | nf. | 어린이집 |
| horario flexible | nm. | 유연한 시간표 |
| gama | nf. | (제품의) 시리즈 |
| centro de atención al cliente | loc.nom. | 고객센터 |
| companía | nf. | 회사, 동반자 |
| departamento técnico | nm. | 기술부 |
| pasado | nm. | 과거 (adj.) 지난, 과거의 |
| antepasado | nm. | 선조, 조상 |
| trastorno | nm. | 질병, 장애 |
| zona | nf. | 구역 |
| de todas maneras | loc.adv. | 어쨌든 |
| factura mensual | nf. | 월청구서 |
| temporada | nf. | 시즌 |
| inmediatamente | adv. | 즉시 |
| afección | nf. | 애정, (의료) 질병 |
| catarro | nm. | 코감기 |
| cirugía | nf. | 외과 |
| ascenso | nm. | 승진 |

| | | |
|---|---|---|
| examen | nm. | 시험 |
| escolar | adj. | 학생의 |
| fiesta sorpresa | nf. | 깜짝 파티 |
| despacho | nm. | (개인) 사무실 |
| relación | nf. | 관계 |
| pasado mañana | loc.adv. | 내일 모레 |
| tienda | nf. | 가게 |
| por casualidad | loc.adv. | 우연히 |
| remedio | nm. | 방법, 치료 |
| modista | nm,f | 재단사 |
| tacón | nm. | 하이힐 |
| finca | nf. | 농장 |
| fotógrafo/a | nm,f. | 사진사 |
| vulgar | adj. | 평범한 |
| ingenuo/a | adj. | 천진난만한, 우직한 |
| reciente | adj. | 최근의 |
| feo/a | adj. | 추한, 못생긴 |
| nativo/a | adj. | 출생의, 타고난, 토착민의 |
| amable | adj. | 친절한 |
| silencioso/a | adj. | 과묵한, 조용한 |
| callado/a | adj. | 말이 없는 |
| calmado/a | adj. | 침착한 |
| ajeno/a | adj. | 타인의, 다른 종류의 |
| avaro/a | adj. | 탐욕스런, 인색한 |
| negligente | adj. | 태만한, 부주의한 |
| asqueroso/a | adj. | 토할것 같은, 구역질 나는 |

# Día 29

1 **abastecer**
(+de) 공급하다. 제공하다.
El objetivo era recaudar fondos para abastecer de agua potable a los niños.
목표는 아이들에게 식수를 제공하기 위한 기금을 마련하는 것이었다.

2 **abstraer**
추상적으로 생각하다.
Fueron capaces de abstraer las ideas más importantes del texto.
그들은 가장 중요한 아이디어들을 추상화 할 수 있었다.

3 **alertar**
(+de) ~에 대해 경고하다.
Hace varios años, él alertó al mundo de los peligros del cambio climático.
몇 년 전에 그는 기후 변화의 위험에 대해 전 세계에 경고했다.

4 **amanecer**
해가 뜨다.
En invierno no amanece hasta las siete.
겨울에는 7시까지 동이 트지 않는다.

5 **anular**
㊌ cancelar
취소하다.
Si llegamos tarde, es probable que anule la cita.
우리가 늦게 도착하면 그는 약속을 취소할 수 있다.

### 6 **apegarse**
집착하다. 매달리다.
Es importante entender el concepto, en lugar de apegarse a los nombres.
명칭에 집착하는 대신에 개념을 이해하는 것이 중요하다.

### 7 **bloquear**
막다.
Los manifestantes bloquean la entrada de la fábrica.
시위자들은 공장 입구를 막고 있다.

### 8 **caminar**
㉺ camino (nm) 길

걷다.
Camina cinco kilómetros al día.
그는 하루에 5킬로미터를 걷다.

### 9 **colapsar**
마비시키다. 기력을 상실하다.
El bloqueo del transporte ha colapsado la vida cotidiana de millones de personas.
교통 통제는 수백만명의 일상 생활을 마비시켰다.

### 10 **constatar**
확인하다.
La policía constató que el cuerpo encontrado era el de la desaparecida.
경찰은 발견된 시체가 실종자라는 것을 확인했다.

### 11 **diagnosticar**
진단하다.
El examen se utiliza para diagnosticar la causa de la anemia.
검사는 빈혈의 원인을 진단하기 위해 유용하다.

### 12 **doler**
아프다.
¿Qué le duele, señora?
세뇨라, 어디가 아프신가요?

### 13 **encabezar**
통솔하다. 서두에 놓다.
Una de las personas que encabeza esto es Irene.
이것을 이끈 사람들 중 한 명은 이레네이다.

### 14 enriquecerse
풍요로와지다.
La región se ha enriquecido con el turismo.
그 지역은 관광으로 풍요로워졌다.

### 15 estrellarse
산산조각나다. (비행기가) 추락하다.
Mis padres estaban en el mismo avión cuando se estrelló.
비행기가 추락했을 때 부모님은 같은 비행기에 타고 있었다.

### 16 fallecer
사망하다. 서거하다.
Un año después, su heredero falleció.
일년 후, 그의 상속자는 사망했다.

### 17 financiar
후원하다. 원조하다. 출자하다.
Un comerciante llamado Lazar Brodsky financió su construcción.
Lazar Brodsky라고 불리는 상인이 건설비를 후원했다.

### 18 marearse
멀미하다.
Después de seis horas, nos empezamos a marear un poco.
6시간 후에, 우리는 약간의 멀미를 하기 시작했다.

### 19 padecer
(병에) 걸리다.
Él padeció una grave enfermedad en el otoño de 1823.
그는 1823년 가을에 위중한 병에 걸렸다.

### 20 pedalear
페달을 밟다.
Estoy preparado para ponerme a pedalear.
페달 밟을 준비가 되어 있다.

### 21 perseguir
추구하다.
Tienes tiempo de perseguir tu sueño.
너는 너의 꿈을 추구할 시간이 있다.

### 22 provenir
(+de) 에서 유래하다.
El poder que tuve no provino de la ira.
내가 가진 힘은 분노에서 비롯되었던 것은 아니었다.

### 23 regañar

나무라다.
Mi tía me regaña por eso, pero yo no le presto atención.
나의 이모는 그것 때문에 나를 야단치지만, 나는 신경쓰지 않는다.

### 24 reinar

지배하다. 통치하다.
El silencio reinó en la sala durante varios minutos.
홀은 몇분 동안 조용했다.

### 25 remontarse

(+a) ~로 거슬러 오르다.
Esta tradición se remonta a más de mil años atrás.
이 전통은 천년 전 이상으로 거슬러 올라간다.

### 26 repercutir

(+en) 영향을 미치다.
Sus problemas repercuten en su rendimiento.
그의 문제들은 효율에 영향을 미치고 있다.

### 27 residir

거주하다.
La mayoría de los periodistas exiliados residen actualmente en España.
추방된 대부분의 신문기자들은 현재 스페인에 거주하고 있다.

### 28 responsabilizarse

책임이 있다.
La empresa no se responsabiliza de objetos perdidos.
회사는 분실물에 대한 책임이 없다.

### 29 suscribirse

(+a) 구독하다.
Ella se suscribió a una revista de moda.
그녀는 패션 잡지를 구독했다.

### 30 subsistir

생존하다. 생계를 유지하다.
Aquí hay suficiente comida y bebida para subsistir.
여기에는 생존할 수 있는 음식과 음료가 충분히 있다.

델레 B1 199

## 29 듣기 필수 단어

| | | |
|---|---|---|
| adolescente | nm,f | 청소년 |
| casamiento | nm. | 결혼 |
| bonaerense | adj. | 부에노스 아이레스의 |
| autoridad | nf. | 당국, 경찰 |
| violencia | nf. | 폭력 |
| reacción | nf. | 반응 |
| solicitud | nf. | 신청, 신청서 |
| amistad | nf. | 우정 |
| actitud | nf. | 태도, 자세 |
| entrevista | nf. | 인터뷰 |
| funeral | nm. | 장례식 |
| risa | nf. | 미소 |
| luna de miel | nf. | 신혼 여행 |
| buceador/a | nm,f. | 잠수원 |
| estancia | nf. | 체류 |
| costumbre | nf. | 습관, 관습 |
| budista | nm,f. | 불교신자 |
| templo | nm. | 사원 |
| monje | nm. | 수도사 |
| semáforo | nm. | 신호등 |
| boca | nf. | 입, 출입구 |
| labio | nm. | 입술 |
| solución | nf. | 해결책 |
| adicción | nf. | 중독 |
| compulsión | nf. | 강박관념 |
| adicto/a | nm,f. | 중독자 |
| depresión | nf. | 우울 |
| hábito | nm. | 습관 |

| | | |
|---|---|---|
| autoestima | nf. | 자존감 |
| psicólogo/a | nm,f | 심리학자 |
| consecutivo/a | adj. | 연속된 |
| anual | adj. | 연간의 |
| semanal | adj. | 주간의 |
| mensual | adj. | 월의, 월간의 |
| tendencia | nf. | 경향 |
| feria | nf. | 박람회 |
| inversión | nf. | 투자 |
| cadena | nf. | 가맹점, 체인 |
| gripe | nf. | 독감 |
| precio | nm. | 가격 |
| particular | adj. | 특별한 |
| liberal | adj. | 편견없는, 개방적인, 관대한 |
| corriente | adj. | 평범한, 현재의, 흐르는 |
| pacífico/a | adj. | 평화스러운, 고요한 |
| cerrado/a | adj. | 닫힌, 폐쇄적인 |
| violento/a | adj. | 폭력적인 |
| superficial | adj. | 표면의 |
| estudioso/a | adj. | 학구적인 |
| erudito/a | adj. | 학식이 풍부한 |
| desocupado/a | adj. | 한가한, 바쁘지 않은 |
| vago/a | adj. | 게으른 |
| razonable | adj. | 합리적인 |
| sabio/a | adj. | 해박한 |

# Día 30

1  **aburrirse**

(+de) ~가 지루하다. 진절머리가 나다.
Me aburrí de hacer lo mismo todos los días.
나는 매일 같은 것을 하는데 진저리가 났다.

2  **amar**
㈜ amor (nm) 사랑

사랑하다.
Luisa ama la música latinoamericana.
루이사는 라틴 뮤직을 사랑한다.

3  **apagar**

끄다.
Apaga la televisión.
텔레비젼을 꺼라.

4  **cansarse**
㈜ cansancio (nm) 피로

(+de) 피곤하다. 지겹다.
Si alguna vez se cansa de Boston, llámeme.
언젠가 보스톤이 지겨워지면, 내게 전화하세요.

5  **cocinar**
㈜ cocina (nf) 요리, 주방

요리하다.
Mi madre cocina muy bien.
나의 엄마는 요리를 아주 잘 한다.

6  **comprender**
㉿ entender 이해하다

이해하다.
Los franceses comprenden que la victoria cuesta dinero.
프랑스인들은 승리에 돈이 든다는 것을 이해한다.

### 7 conocer
관 conocido/a (adj) 유명한

알다.
Cuando conocí a mi esposo, él ya tenía 4 hijos.
남편을 알게 되었을때, 이미 그는 4명의 아이가 있었다.

### 8 crear
관 creativo/a (adj) 창조적인

창출하다. 만들다.
El país crea empleos pese a la crisis global.
국가는 세계 위기에도 불구하고 고용을 창출한다.

### 9 deber
동 tener que + inf. ~해야만 한다

(+동사원형) 해야만 한다.
Los ciudadanos deben obedecer las leyes.
시민들은 법을 지켜야 한다.

✲ deberse a ~때문이다.

### 10 desayunar
관 desayuno (nm) 아침

아침밥을 먹다.
Yo desayuno pan.
나는 아침으로 빵을 먹는다.

### 11 descansar
관 descanso (nm) 휴식

휴식하다.
Regresaron al campamento para descansar un rato.
그들은 잠시 쉬기 위해 야영지로 돌아갔다.

### 12 dominar

지배하다. 습득하다.
Dominó cuatro idiomas.
그는 4개 국어를 습득했다.

### 13 dormir(se)

자다. (~se) 잠들다.
Me dormí en la otra cama.
나는 다른 침대에서 잠들었다.

### 14 encender

켜다.
Enciende el ordenador.
컴퓨터를 켜라.

### 15 entender
동 comprender 이해하다

이해하다.
No lo entiendo bien.
나는 그것을 잘 이해하지 못하겠다.

델레 B1

**16 fumar**
㉿ fumador/a (nm,f) 흡연자

(담배) 피우다.
Aquí está prohibido fumar.
이곳은 금연이다.

**17 huir**

도망치다.
Ya no hay más remedio que huir.
지금은 도망치는 것 말고는 달리 방도가 없다.

**18 leer**
㉿ lectura (nf) 읽기

읽다.
En vacaciones leo novelas históricas.
휴가 중에는 역사 소설들을 읽는다.

**19 limpiar**
㉿ limpieza (nf) 청소

청소하다.
Hay que limpiar la habitación.
방을 청소해야만 한다.

**20 maquillarse**

화장하다.
Mi novia se maquilla todos los días.
내 여자친구는 매일 화장을 한다.

**21 morir**
동 fallecer 돌아가시다
㉿ muerte (nf) 죽음

죽다.
Estoy seguro de que su padre ha muerto hace poco.
그의 아버지가 조금 전에 죽었다는 것을 나는 확신한다.

**22 narrar**
동 contar 이야기하다

이야기하다. 말하다.
Le estoy narrando a mi hijo el cuento de Peter Pan.
나는 아들에게 피터팬 이야기를 해주고 있다.

**23 pasear**
㉿ paseo (nm) 산책

산책하다.
Pasea por la calle.
그는 거리를 산책하고 있다.

**24 pronunciar**
㉿ pronunciación (nf) 발음

발음하다.
Pronuncia bien el español.
그는 스페인어 발음이 좋다.

### 25 **robar**
파 robo (nm) 강도, 강도질

훔치다.
Los ladrones robaron todo lo que tenía.
강도들은 그가 갖고 있었던 모든것을 훔쳐갔다.

### 26 **subir**

오르다.
El precio del oro comenzó a subir.
금 가격은 오르기 시작했다.

### 27 **tocar**

만지다. 연주하다.
Por favor, no toquen las esculturas.
조각품은 만지지 마세요.

### 28 **trabajar**
파 trabajo (nm) 일, 직업

일하다.
El equipo está aquí y ellos están listos para trabajar.
팀은 여기에 있고, 그들은 일할 준비가 되어 있다.

### 29 **traer**

가져오다.
Se me olvida traer el paraguas.
우산 가져 오는 것을 잊었다.

### 30 **viajar**
파 viajero/a (nm,f) 여행객

여행하다.
Los niños de 0 a 4 años pueden viajar gratis.
0세에서 4세 아이들은 무료로 여행할 수 있다.

## 30 듣기 필수 단어

| | | |
|---|---|---|
| hacer la compra | loc.verb. | 장을 보다 |
| barrio | nm. | 동네 |
| hipermercado | nm. | 대형마켓 |
| oferta | nf. | 할인, 공급 |
| afueras | nf.pl. | 교외, 근교 |
| gemelo/a | nm,f | 쌍둥이 |
| tarea doméstica | nf. | 가사일 |
| verdulería biológica | nf. | 유기농 채소가게 |
| sucursal | nf. | 지점 |
| mundo laboral | nm. | 직업 세계 |
| bolsillo | nm. | 주머니 |
| en efectivo | loc.adv. | 현금으로 (=en metálico) |
| en metálico | loc.adv. | 현금으로 |
| con tarjeta | loc.adv. | 카드로 |
| página web | nf. | 웹페이지 |
| síntoma | nm. | 증상 |
| deportista | nm,f | 스포츠선수 |
| duna | nf. | 모래언덕 |
| arena | nf. | 모래 |
| adquisición | nf. | 취득, 매입 |
| firma | nf. | 회사 |
| comercialización | nf. | 상업화 |
| distribución | nf. | 유통, 배급 |
| sector de la restauración | nm. | 외식분야 |
| producto turístico | nm. | 여행상품 |
| xenote | nm. | 천연의 지하 저수지 |
| cirujano/a | nm, f | 외과의사 |
| inscripción | nf. | 접수 |

| | | |
|---|---|---|
| ganarse la vida | loc.verb. | 생계를 유지하다 |
| fábrica | nf. | 공장, 제조 |
| crisis | nf. | 위기 |
| academia | nf. | 학원 |
| idioma | nm. | 언어 |
| echar de menos | loc.verb. | 그리워하다 |
| envío | nm. | 발송 |
| paciente | nm, f | 환자 |
| contestador automático | nm. | 자동응답기 |
| gallego/a | adj. | 갈리시아의 |
| | nm,f | 갈리시아사람 |
| basura | nf. | 쓰레기, 쓰레기통 |
| puerto | nm. | 항구 |
| permitido/a | adj. | 허용하는 |
| curioso/a | adj. | 호기심많은 |
| esbelto/a | adj. | 호리호리한, 늘씬한 |
| guerrero/a | adj. | 호전적인 |
| colorado/a | adj. | 색이 들어 있는 |
| irritable | adj. | 성미가 급한, 화를 잘 내는 |
| confiado/a | adj. | 확신하는, 자신감 있는 |
| activo/a | adj. | 활발한 |
| ineficaz | adj. | 효과, 효력, 효험이 없는 |
| eficiente | adj. | 효율이 좋은, 유능한 |
| estupendo/a | adj. | 훌륭한, 근사한 |
| moreno/a | adj. | 가무잡잡한, 갈색의 |
| excitante | adj. | 흥분시키는, 자극하는 |

# Ejercicio 06

**적절한 단어를 골라 봅니다.**

01  Todos _____ errores.

우리는 모두가 잘못을 범한다.

① cometemos　　　　② sancionamos

02  ¿Qué _____ usted sobre la guerra de Irak?

당신은 이라크 전쟁에 대해 어떤 생각을 갖고 있습니까?

① opera　　　　② opina

03  Hasta ahora todo lo que ha _____ se ha hecho realidad.

지금까지 당신이 예언한 모든 것은 현실이 되었다.

① predicho　　　　② predominado

04  ¿Podría _____ la radio para mañana?

내일까지 라디오를 고쳐줄 수 있나요?

① aparecer　　　　② reparar

05  Siempre lo _____ con su hermano gemelo.

나는 항상 그의 쌍둥이 형제와 그를 혼동한다.

① conformo　　　　② confundo

06  El inspector _____ una fuga de energía.

조사관은 에너지 유출을 감지했다.

① detectó　　　　② designó

**07** Todo lo que podemos hacer ahora es esperar y _____.

우리가 지금 할 수 있는 것은 기다리고, 기도하는 것뿐이다.

① rezar ② reclutar

**08** Un año después, _____ su heredero.

일년 후, 그의 상속자가 사망했다.

① financió ② falleció

**09** La mayoría de los periodistas exiliados _____ actualmente en España.

추방된 대부분의 신문기자는 현재 스페인에 거주하고 있다.

① residen ② exilió

**10** Ya no hay más remedio que _____.

이제 도망칠 수밖에 달리 방도가 없다.

① huir ② morir

| 동의어 찾기 | | | |
|---|---|---|---|
| morir | ① | Ⓐ | echar |
| transformarse | ② | Ⓑ | convertirse |
| tirar | ③ | Ⓒ | cubrir |
| tapar | ④ | Ⓓ | comprender |
| entender | ⑤ | Ⓔ | fallecer |

● 적절한 단어를 골라 봅니다 1 ① 2 ② 3 ① 4 ② 5 ② 6 ① 7 ① 8 ② 9 ① 10 ① ● 동의어찾기 ①—Ⓔ ②—Ⓑ ③—Ⓐ ④—Ⓒ ⑤—Ⓓ

## 색 인

### a

| | | | | | | | |
|---|---|---|---|---|---|---|---|
| a cargo de | 110 | acostumbrarse | 138 | agente | 111 | ambiente familiar | 157 |
| a ciegas | 136 | acreditar | 100 | ágil | 105 | ámbito rural | 150 |
| a gusto | 40 | actitud | 200 | agitarse | 18 | amenazar | 120 |
| a lo largo | 104 | activar | 42 | agotar | 30 | amigable | 163 |
| a lo mejor | 137 | actividad diurna | 72 | agradable | 125 | amistad | 200 |
| a medida | 182 | actividad extraescolar | 72 | agradar | 184 | amistoso/a | 163 |
| a menudo | 151 | activo/a | 207 | agradecer | 62 | ampliar | 146 |
| a partir de | 22 | actuación | 163 | agredir | 18 | amplio/a | 79 |
| a pie | 67 | actualizar | 106 | agrio/a | 47 | amueblar | 184 |
| a sus órdenes | 111 | actualmente | 174 | agrio/a | 86 | añadir | 126 |
| a través de | 194 | actuar | 100 | aguacate | 34 | analizar | 94 |
| abandonar(se) | 88 | acudir | 50 | aguantar | 74 | ancho/a | 47 |
| abarcar | 94 | acuerdo | 136 | ahogar | 120 | anciano/a | 119 |
| abastecer | 196 | acumular | 62 | ahorrar | 106 | andar | 100 |
| abierto/a | 151 | acusar | 146 | aislado/a | 151 | anhelo | 151 |
| abonar | 164 | adaptación moderna | 66 | aislar | 146 | animación | 194 |
| abordar | 170 | adaptarse | 152 | ajedrez | 28 | animarse | 170 |
| abrasar | 82 | adecuar | 138 | ajeno/a | 195 | aniversario | 162 |
| abrazar | 184 | adelantarse | 132 | ajo | 54 | anónimo/a | 169 |
| abrir | 24 | adelgazar | 62 | ajustar | 146 | antena | 118 |
| absorber | 82 | además | 28 | al completo | 131 | anterior/a | 151 |
| abstraer | 196 | además de | 28 | al principio | 29 | antes de | 105 |
| absurdo/a | 169 | adherir | 184 | alargar | 62 | antiguo/a | 79 |
| abundante | 151 | adicción | 200 | albergar(se) | 146 | antipático/a | 119 |
| abundar | 114 | adicto/a | 200 | albergue | 46 | antropólogo/a | 72 |
| aburrirse | 202 | adivinar | 30 | alcanzar | 152 | anual | 201 |
| abusar | 42 | adjuntar | 158 | aldea | 40 | anular | 196 |
| abusivo/a | 79 | administrar | 106 | alegrarse | 30 | anunciar | 100 |
| acabar | 94 | admirarse | 88 | alegre | 99 | apagar | 202 |
| academia | 207 | admitir | 50 | alejarse | 120 | aparato | 78 |
| acceder | 146 | adolescente | 200 | alertar | 196 | aparcamiento | 79 |
| accidentalmente | 169 | adoptar | 164 | alfombra | 66 | aparcar | 132 |
| accidente | 143 | adorar | 184 | alimentarse | 50 | aparecer | 82 |
| accidente de tráfico | 78 | adornar | 164 | alimento | 55 | aparición | 98 |
| accionar | 126 | adquirir | 132 | almorzar | 100 | apartado | 72 |
| aceptar | 100 | adquisición | 206 | alojamiento | 105 | apartarse | 18 |
| acercarse | 138 | adueñarse | 94 | alojamiento rural | 46 | apasionante | 47 |
| acertar | 132 | adversidad | 61 | alojarse | 132 | apear | 138 |
| ácido/a | 86 | advertir | 170 | alquilar | 30 | apegarse | 197 |
| aclarar | 82 | aerolínea | 72 | alrededor de | 174 | apetecer | 62 |
| acogedor | 136 | aeronáutico/a | 22 | alternar | 82 | aplazar | 133 |
| acomodado/a | 175 | afección | 194 | altitud | 136 | aplicarse | 147 |
| acomodar | 30 | afectar | 82 | alto/a | 79 | apostar | 138 |
| acompañamiento | 124 | afeitarse | 62 | altruista | 169 | apoyar | 63 |
| acompañar | 36 | afianzar | 178 | alzar | 184 | apreciar | 185 |
| aconsejar | 18 | afición | 60 | amable | 195 | apresurarse | 126 |
| acontecimiento | 35 | aficionarse | 50 | amanecer | 196 | apretar | 56 |
| acordar(se) | 74 | afirmar | 36 | amante | 168 | aprobar | 120 |
| acortar | 106 | afrontar | 36 | amar | 202 | apropiar | 63 |
| | | afueras | 206 | amargo/a | 47 | aprovechar | 18 |
| | | agarrar | 132 | amarrado/a | 131 | aproximarse | 63 |
| | | agencias de viajes | 142 | ambicioso/a | 118 | apuntarse | 147 |

| | | |
|---|---|---|
| apuntes | 156 | |
| apuro económico | 156 | |
| árabe | 86 | |
| archipiélago | 174 | |
| área andina | 118 | |
| arena | 162 | |
| arena | 206 | |
| argumento | 98 | |
| arpa | 150 | |
| arqueología | 87 | |
| arqueológico/a | 41 | |
| arquitecto/a | 22 | |
| arquitectura | 22 | |
| arrancar | 83 | |
| arrasar | 120 | |
| arreglar | 63 | |
| arrepentirse | 30 | |
| arriesgado/a | 163 | |
| arriesgarse | 164 | |
| arrodillarse | 126 | |
| arrogante | 55 | |
| arrojar | 138 | |
| arruga | 136 | |
| arruinar(se) | 149 | |
| arte popular | 78 | |
| arzobispo | 169 | |
| ascender | 170 | |
| ascenso | 194 | |
| ascensor | 98 | |
| asegurar(se) | 120 | |
| asesoramiento | 22 | |
| asfixia | 142 | |
| asimismo | 40 | |
| asistencia | 169 | |
| asistir | 36 | |
| asociar | 178 | |
| asomar | 68 | |
| asombroso/a | 46 | |
| aspecto | 22 | |
| áspero/a | 73 | |
| aspirante | 142 | |
| aspirar | 74 | |
| asqueroso/a | 195 | |
| astronauta | 22 | |
| astuto/a | 67 | |
| asustarse | 83 | |
| atacar | 88 | |
| atar | 56 | |
| atasco | 143 | |
| atención al cliente | 110 | |
| atender | 42 | |
| atentar | 139 | |
| atento/a | 136 | |
| atento/a | 183 | |
| aterrizar | 133 | |
| aterrorizador | 72 | |
| atleta | 124 | |
| atmosfera | 136 | |
| atraer | 94 | |
| atrapar | 114 | |
| atravesar | 101 | |
| atreverse | 83 | |
| atrevido/a | 46 | |
| atrevido/a | 87 | |
| atribuir | 42 | |
| audible | 182 | |
| audiovisual | 41 | |
| audiovisual | 41 | |
| aula | 28 | |
| aumentar | 24 | |
| ausentarse | 190 | |
| ausente | 72 | |
| auténtico/a | 35 | |
| autóctono/a | 174 | |
| autoestima | 201 | |
| automóvil | 104 | |
| autopista | 137 | |
| autor/a | 169 | |
| autoridad | 200 | |
| autorizar | 147 | |
| autorretrato | 73 | |
| autoservicio | 157 | |
| autovía | 86 | |
| auxiliar | 147 | |
| avalancha de nieve | 23 | |
| avanzar | 185 | |
| avaro/a | 195 | |
| ave | 130 | |
| aventura | 66 | |
| aventurero/a | 46 | |
| avergonzarse | 31 | |
| avería | 23 | |
| averiarse | 133 | |
| averiguar | 170 | |
| avisar | 147 | |
| aviso | 105 | |
| ayuda económica | 35 | |
| ayudar | 68 | |
| azar | 46 | |

**b**

| | | |
|---|---|---|
| bachata | 168 | |
| bailarín/a | 182 | |
| bajar | 178 | |
| bajo/a | 79 | |
| baloncesto | 54 | |
| banda | 163 | |
| banda sonora | 47 | |
| bañera | 98 | |
| bañista | 162 | |
| banquete | 162 | |
| barbacoa | 66 | |
| barco | 156 | |
| barrer | 56 | |
| barrera | 92 | |
| barrio | 206 | |
| basarse | 88 | |
| bastar | 63 | |
| basura | 207 | |
| batata | 79 | |
| batería | 137 | |
| batido de fruta | 136 | |
| beca | 66 | |
| beneficiarse | 158 | |
| beneficio de ventas | 156 | |
| beneficioso/a | 92 | |
| biblioteca | 54 | |
| bicicleta | 55 | |
| bienestar | 118 | |
| billete | 29 | |
| bioenergético/a | 124 | |
| biólogo/a | 98 | |
| bioquímico/a | 125 | |
| blando/a | 111 | |
| blanquecino/a | 182 | |
| bloquear | 197 | |
| boca | 200 | |
| boda | 35 | |
| bolsa | 55 | |
| bolsa de deporte | 175 | |
| bolsillo | 206 | |
| bonaerense | 200 | |
| bondadoso/a | 131 | |
| bonito/a | 67 | |
| borrar | 63 | |
| bosque | 46 | |
| bostezar | 185 | |
| bota | 156 | |
| botar | 68 | |
| brillante | 175 | |
| brillar | 68 | |
| brindar | 50 | |
| broncear | 50 | |
| brotar | 83 | |
| buceador | 200 | |
| bucear | 164 | |
| budista | 200 | |
| bufanda | 99 | |
| buque | 131 | |
| burlarse | 18 | |
| burrito | 157 | |
| buscar | 101 | |
| búsqueda | 182 | |
| butaca | 163 | |

**c**

| | | |
|---|---|---|
| caber | 139 | |
| cadena | 201 | |
| caerse | 83 | |
| café con leche | 73 | |
| café cortado | 73 | |
| cafetera | 168 | |
| caja | 110 | |
| cajón | 111 | |
| calcular | 170 | |
| cálculo | 23 | |
| caldera | 86 | |
| calefacción | 34 | |
| calendario | 150 | |
| calentamiento | 125 | |
| calentar | 74 | |
| cálido/a | 93 | |
| cálido/a | 175 | |
| caliente | 93 | |
| calificar | 106 | |
| callado/a | 195 | |
| callar | 42 | |
| calmado/a | 195 | |
| calmar | 178 | |
| caluroso/a | 98 | |
| calzar | 185 | |
| cámara de usar y tirar | 72 | |
| camarero/a | 54 | |
| camarón | 136 | |
| cambiar | 74 | |
| caminar | 197 | |
| camisa con cuadros | 111 | |
| campeonato | 78 | |
| campo | 54 | |
| campus virtual | 143 | |
| candidato/a | 47 | |
| cansarse | 202 | |
| cantautor/a | 136 | |
| canto | 40 | |
| capacidad comunicativa | 72 | |
| capítulo | 104 | |
| caprichoso/a | 111 | |
| carácter | 119 | |

| | | | | | | | |
|---|---|---|---|---|---|---|---|
| carácter abierto/a | 55 | cesar | 107 | comedor | 98 | concurrir | 179 |
| característico/a | 182 | ceviche | 79 | comensal | 136 | concurso | 35 |
| caracterizar | 185 | charlar | 185 | comentar | 171 | conducir(se) | 24 |
| carecer | 121 | cheque regalo | 110 | comentarista | 98 | conectar | 121 |
| cargar | 31 | chimpancé | 72 | comenzar | 51 | confesar | 56 |
| carne asada | 157 | chino/a | 104 | comercial | 22 | confiado/a | 207 |
| carné de conducir | 104 | chistoso/a | 169 | comercialización | 206 | confiar | 107 |
| carné de la biblioteca | 150 | chocar | 133 | cometer | 178 | confirmar | 107 |
| carnicería | 47 | ciclo | 66 | comodidad | 110 | conflicto | 162 |
| cárnico/a | 110 | científico/a | 66 | compañía | 194 | conformarse | 37 |
| carpa | 61 | cínico/a | 79 | compañía aérea | 72 | conforte | 118 |
| carrera | 66 | cinturón | 54 | comparar | 127 | confundir | 185 |
| carretera | 104 | circo | 55 | compartir | 152 | congelar | 127 |
| cartel | 87 | circuito | 125 | compasivo/a | 169 | conjugar | 121 |
| cartelera | 111 | circular | 31 | compendio | 119 | conjunto | 142 |
| cartera | 111 | círculo | 86 | compensar | 152 | conmover | 31 |
| cartografía | 130 | circunscribirse | 190 | competir | 158 | conocedor/a | 92 |
| casamiento | 200 | circunstancia | 98 | complacerse | 107 | conocer | 203 |
| casarse | 74 | cirugía | 194 | complejo/a | 111 | conocido/a | 143 |
| casco | 66 | cirujano/a | 206 | complementar | 158 | conquistar | 56 |
| casita | 67 | cita | 87 | completar | 101 | consecutivo | 201 |
| casualidad | 142 | clamar | 126 | completo/a | 157 | conseguir | 121 |
| catalogado/a | 86 | claro/a | 105 | complicado/a | 111 | consentir | 31 |
| catálogo | 182 | clase turista | 41 | componer | 88 | conservador/a | 111 |
| catarro | 194 | clásico/a | 169 | comportarse | 164 | conservar | 43 |
| catedral | 92 | clasificar | 101 | compositor/a | 150 | conservatorio | 142 |
| catedrático/a | 130 | clausura | 169 | comprar | 127 | considerar | 37 |
| cebolla | 54 | clave de acceso | 150 | comprender | 202 | consistir | 127 |
| ceder | 75 | clientela | 61 | comprensivo/a | 169 | consolar | 147 |
| celebrar(se) | 139 | clima | 174 | comprobar | 95 | constante/a | 73 |
| cena | 34 | climático/a | 174 | comprometer | 121 | constar | 152 |
| ceniza | 78 | cobarde | 125 | compromiso | 105 | constatar | 197 |
| centenario/a | 60 | cobertura | 143 | compulsión | 200 | constituir | 101 |
| central de atención al cliente | 194 | cobrar | 42 | común | 22 | construcción | 86 |
| centrarse | 106 | cocer | 68 | común | 61 | construir | 24 |
| céntrico | 183 | cochera | 86 | comunicarse | 171 | consulta del médico | 66 |
| centro | 28 | cocinar | 202 | comunidad | 28 | consultar | 19 |
| centro comercial | 99 | cocinero/a | 78 | comunidad autónoma | 151 | consumidor/a | 142 |
| centro de equitación | 92 | codicioso/a | 157 | con esmero | 136 | consumir | 158 |
| centro de formación | 41 | coger | 185 | con especialidad | 157 | consumo de energía | 124 |
| centro educativo | 28 | coincidir | 19 | con maestría | 136 | contactar | 133 |
| cepillarse | 63 | cola | 137 | con motivo de | 86 | contaminar | 89 |
| cepillos de dientes | 55 | colaboración | 72 | con tarjeta | 206 | contar | 19 |
| cerámica | 87 | colaborar | 101 | conceder | 36 | contemplar | 51 |
| cercano/a | 47 | colapsar | 197 | concentrarse | 37 | contemporáneo/a | 163 |
| cerdo | 99 | colar | 75 | concepto | 22 | contenedor | 66 |
| cerrado/a | 87 | colgar | 56 | concertar | 75 | contener | 51 |
| cerrado/a | 201 | colocar(se) | 36 | concientizar | 190 | contentar | 158 |
| cerradura | 34 | colonial | 92 | concierto | 55 | contento/a | 99 |
| certeza | 130 | colorado/a | 207 | concluir | 51 | contestador automático | 207 |
| certificar | 185 | combinar | 126 | conclusión | 118 | contestar | 83 |
| cerveza | 29 | comedia | 156 | concreto/a | 125 | continente | 87 |

| | | | | | | | | |
|---|---|---|---|---|---|---|---|---|
| continuar | 83 | crítico/a | 169 | decidido/a | 87 | descontar | 127 |
| contradecirse | 165 | crónica | 46 | decidir | 127 | descortés | 99 |
| contraer | 165 | cruel | 175 | decisión | 29 | describir | 75 |
| contraseña de acceso | 150 | cruzar | 121 | declarar | 147 | descubierto/a | 105 |
| contratar | 37 | cuaderno | 98 | decorado | 73 | descubrimiento | 60 |
| contrato | 41 | cuadro | 35 | decorador/a | 98 | descubrir | 43 |
| contrato indefinido | 110 | cualificado/a | 86 | decorar | 190 | descuento | 60 |
| contrato temporal | 110 | cualificar | 25 | dedicar(se) | 179 | descuidadoso/a | 137 |
| contribuir | 43 | cuarto de baño | 98 | deducir | 107 | descuidar | 37 |
| controlar | 19 | cubierto/a | 93 | defender | 89 | desear | 57 |
| convencer | 19 | cubrir | 84 | definitivo/a | 104 | desempacar | 133 |
| convencional | 46 | cuchara | 54 | degustar | 51 | desempeñar | 186 |
| convenir | 171 | cucharada | 118 | dejar | 57 | desenso | 41 |
| conversar | 107 | cuento | 46 | delegado/a | 110 | desfilar | 84 |
| convertirse | 83 | cuestionario | 194 | delfín | 92 | desfile | 162 |
| convocar | 171 | cuidadoso/a | 143 | delgado/a | 47 | desgastar | 57 |
| coordinar | 37 | cuidar | 43 | delicioso/a | 99 | deshabitado/a | 174 |
| copiar | 24 | culinario | 41 | demanda | 35 | deshidratación | 92 |
| coraje | 73 | culpable | 183 | demorarse | 190 | deshonesto/a | 183 |
| corbata | 54 | culpar | 31 | demostrar | 139 | desierto | 156 |
| coreografía | 130 | cultivar | 107 | denominarse | 186 | designar | 190 |
| correcto/a | 157 | culto/a | 67 | departamento técnico | 194 | desistir | 107 |
| corredor/a | 98 | cultura azteca | 92 | dependencia | 29 | deslumbrador/a | 105 |
| corregir | 63 | cultura maya | 92 | depender | 152 | desmontar | 108 |
| correo electrónico | 157 | cumplir | 179 | dependiente | 163 | desnudarse | 37 |
| correr | 107 | cuna | 40 | dependiente/a | 182 | desocupado/a | 201 |
| corresponder | 75 | cuota | 110 | deporte de fondo | 124 | desordenar | 75 |
| correspondiente | 182 | curar(se) | 43 | deportista | 206 | despacho | 195 |
| corriente | 201 | curioso/a | 207 | depositar | 153 | despedir(se) | 19 |
| cortar(se) | 63 | currículum vitae | 182 | depósito | 23 | despegar | 134 |
| cortés | 151 | currículum vítae | 110 | depresión | 200 | despejado/a | 99 |
| cortina | 118 | curso | 28 | deprimirse | 186 | despertar(se) | 147 |
| cortometraje | 93 | | | derivar | 147 | despierto/a | 73 |
| costa | 92 | **d** | | derretir | 64 | despistado/a | 99 |
| costar | 89 | dañar | 43 | derruido/a | 150 | desplazamiento | 118 |
| coste | 194 | danza | 41 | desafiar | 159 | despoblación | 150 |
| coste adicional | 79 | dar | 68 | desagradable | 119 | desprender | 89 |
| costear | 133 | dar una vuelta | 67 | desaparecer | 159 | despreocupado/a | 99 |
| costoso/a | 125 | darse prisa | 34 | desaparición | 47 | después de | 105 |
| costumbre | 200 | de calidad | 28 | desarrollar(se) | 159 | destacar | 153 |
| cotidiano/a | 40 | de lujo | 92 | desayunar | 203 | desterrar | 127 |
| crear | 203 | de manera gradual | 61 | descalzo/a | 54 | destinar | 64 |
| crecer | 24 | de repente | 118 | descansar | 203 | destruir | 89 |
| crecimiento | 92 | de todas maneras | 194 | descargar | 133 | desvelarse | 43 |
| crédulo/a | 137 | de vez en cuando | 130 | descender | 133 | desvergonzado/a | 131 |
| creer | 25 | deber | 203 | descendiente | 46 | desviar | 134 |
| crema | 110 | debido a | 78 | descolgar | 69 | detallado/a | 125 |
| crema de protección solar | 92 | débil | 151 | desconectar | 69 | detallar | 159 |
| criar | 57 | debilitar | 89 | desconfiado/a | 163 | detallista | 131 |
| crisis | 207 | decadente | 137 | desconfiar | 31 | detectar | 191 |
| cristal | 169 | decena | 156 | desconocer | 95 | detener(se) | 165 |
| crítico/a | 125 | decente | 67 | desconocido/a | 99 | deterioro | 130 |

델레 B1 **213**

| | | | | | | | |
|---|---|---|---|---|---|---|---|
| determinar | 37 | doblar | 114 | emergente | 23 | enorme/a | 55 |
| deuda pendiente | 23 | docena | 130 | emitido/a | 86 | enriquecerse | 198 |
| devolver | 95 | docente | 29 | emoción | 47 | ensalada | 35 |
| día festivo | 86 | doctorado | 143 | emocionado/a | 55 | ensalada fresca | 157 |
| día laborable | 175 | documentación | 98 | emocionarse | 179 | ensayo | 28 |
| diagnosticar | 197 | doler | 197 | empeñarse | 165 | enseguida | 111 |
| diario | 168 | dolor | 136 | empezar | 95 | enseñar | 25 |
| dibujos animados | 72 | dominar | 203 | emplear | 95 | entender | 203 |
| dictar | 69 | doña | 92 | emprender | 171 | enterarse | 115 |
| diferencia | 98 | dormido/a | 175 | empresa de transporte | 124 | enterrar | 139 |
| diferenciar | 69 | dormir(se) | 203 | empresarial | 110 | entidad | 183 |
| difícil | 151 | dormitorio | 98 | empujar | 134 | entorno | 143 |
| dificultad | 54 | ducha | 98 | en crudo | 79 | entrada | 183 |
| digerir | 186 | duda | 136 | en cuanto | 34 | entre sí | 143 |
| digitalizar | 179 | dudar | 19 | en efectivo | 206 | entregar | 64 |
| diligente | 119 | dudoso/a | 163 | en general | 60 | entrenador/a | 125 |
| dinamizar | 114 | dulce/a | 87 | en medio de | 54 | entrenar | 139 |
| diploma | 28 | duna | 206 | en metálico | 206 | entretener(se) | 51 |
| directamente | 130 | durar | 64 | en ocasiones | 40 | entretenimiento | 162 |
| director/a | 182 | duro/a | 79 | en particular | 150 | entrevista | 200 |
| dirigir(se) | 153 | | | en punto | 34 | entrevistar | 153 |
| discoteca | 130 | **e** | | en torno a | 40 | entusiasmar(se) | 52 |
| discreto/a | 183 | echar | 153 | en vez de | 156 | envejecer | 43 |
| disculpar(se) | 19 | echar de menos | 207 | enamorarse | 75 | envejecimiento | 110 |
| discurrir | 84 | económico/a | 98 | encabezar | 197 | enviar | 57 |
| discutir | 153 | económico/a | 151 | encajar | 69 | envidiar | 159 |
| diseñar | 114 | ecuatoriano/a | 60 | encantado/a | 46 | envío | 207 |
| disfrazarse | 51 | edad | 28 | encantador/a | 92 | envolver | 159 |
| disfrutar | 51 | editar | 153 | encantar | 84 | episodio | 104 |
| disgustar | 31 | editorial | 105 | encargarse | 134 | época | 156 |
| disimular | 89 | educado/a | 67 | encender | 203 | época estival | 92 |
| disminuir | 69 | educador/a | 183 | encerrar | 101 | equilibrar | 165 |
| disolver | 51 | efectuar | 153 | enchufar | 75 | equilibrio | 119 |
| dispararse | 191 | eficiente | 87 | enciclopedia | 168 | equipado | 23 |
| dispersar | 108 | eficiente | 207 | encierro de los sanfermines | 35 | equipaje | 78 |
| disponer | 57 | efusivo/a | 151 | encoger | 20 | equivaler | 128 |
| disponibilidad | 110 | egoísta | 163 | encomendar | 37 | equivocarse | 165 |
| disponible | 175 | ejecutarse | 186 | encontrar | 32 | erudito/a | 201 |
| distinguir | 139 | ejecutivo/a | 105 | endémico/a | 174 | esbelto/a | 207 |
| distinto/a | 28 | ejemplar | 105 | enfadarse | 20 | escalar | 171 |
| distraer | 89 | ejercer | 153 | enfatizar | 127 | escapar | 121 |
| distraído/a | 175 | ejercicio | 34 | enfermarse | 43 | escenario | 136 |
| distraído/a | 183 | elaborar | 159 | enfermizo/a | 111 | escénico/a | 162 |
| distribución | 206 | elegante | 104 | enfermo/a | 143 | escenografía | 66 |
| distribuir | 114 | elegante | 157 | enfocado/a | 130 | esclavo/a | 67 |
| diversidad | 35 | elegir | 171 | enfrentarse | 108 | escoger | 52 |
| diversión | 66 | eliminar | 159 | enfriar | 90 | escolar | 195 |
| diverso/a | 46 | emanar | 127 | engañar | 38 | esconderse | 121 |
| divertirse | 159 | embarazarse | 191 | enmarcarse | 57 | escritura | 40 |
| dividir | 57 | embarcación | 162 | enojarse | 57 | esculpir | 101 |
| divorciarse | 69 | embarque | 41 | enorgullecerse | 115 | esencial | 125 |
| divulgar | 108 | emborracharse | 69 | enorme | 35 | esfera | 86 |

| | | | | | | | |
|---|---|---|---|---|---|---|---|
| esforzarse | 95 | estudioso/a | 201 | **f** | | firmar | 25 |
| esfuerzo | 41 | estupendo/a | 207 | fábrica | 207 | física | 93 |
| esmerarse | 75 | estúpido/a | 151 | fabricar | 179 | físico/a | 124 |
| espacial | 22 | etiqueta | 23 | fábula | 60 | flaco/a | 73 |
| espacio | 22 | etnográfico/a | 150 | fabuloso/a | 23 | flauta | 40 |
| espacioso/a | 168 | evaluar | 95 | fácil | 137 | flequillo | 163 |
| esparcir | 179 | evidente | 119 | facilidad | 150 | flexibilidad | 130 |
| especial | 22 | evitar | 25 | facilitar | 38 | flexible | 163 |
| especialidad | 23 | evolucionar | 108 | factura mensual | 194 | flojo/a | 87 |
| especializarse | 191 | exagerar | 90 | fallar | 179 | flora | 174 |
| espectacular/a | 92 | examen | 195 | fallecer | 198 | flotar | 70 |
| espectáculo | 182 | examinar(se) | 154 | fallido/a | 143 | fluidez | 72 |
| esperanza | 41 | excepcional | 157 | falso/a | 55 | fluir | 84 |
| esperar | 25 | excesivo/a | 61 | falso/a | 151 | folclore | 61 |
| espontaneidad | 136 | excitante | 207 | faltar | 95 | folclórico/a | 87 |
| esporádico/a | 86 | excluir | 140 | falto/a | 119 | folleto | 41 |
| esquiar | 191 | exclusivo/a | 182 | familiar | 46 | fondo | 150 |
| esquina | 54 | excursión | 105 | familiarizarse | 180 | fonética | 119 |
| esquís | 156 | excusar | 154 | famoso/a | 163 | fonología | 119 |
| establecer | 32 | exhibición | 162 | fantasía | 78 | forma | 28 |
| establecido/a | 183 | exigir | 32 | fantasma | 151 | formación | 110 |
| estación de metro | 130 | existir | 69 | fascinar | 32 | formar | 38 |
| estacionar(se) | 134 | éxito | 168 | fase | 125 | formulario de inscripción | 143 |
| estadía | 35 | éxito artístico | 98 | fatigar | 20 | fortalecer | 148 |
| estadio de fútbol | 168 | exitoso/a | 131 | fauna | 174 | fotógrafo | 195 |
| estadístico/a | 194 | exitoso/a | 131 | favorecer | 38 | fracasar | 102 |
| estado de conservación | 92 | exótico/a | 156 | felicitar | 25 | frágil/a | 73 |
| estallar | 128 | expedir | 191 | fenómeno | 150 | franco/a | 137 |
| estancia | 150 | experiencia previa | 182 | feo/a | 195 | frecuentar | 154 |
| estancia | 200 | experimentar | 160 | feria | 201 | fregar | 154 |
| estantería | 55 | experto/a | 35 | festejar | 70 | fregar el piso | 142 |
| estar a disposición de | 41 | explicar | 160 | festival | 157 | freír | 52 |
| estar | 25 | explorar | 134 | fiabilidad | 110 | frenar | 102 |
| estatua | 118 | explotar | 165 | fichar | 38 | frente a | 118 |
| estéril | 119 | exponer | 128 | ficticio/a | 73 | frigorífico | 93 |
| estilo inspirado | 73 | exportación | 47 | ficticio/a | 104 | frijol | 34 |
| estilo tradicional | 46 | expresar | 165 | fiel | 131 | frío/a | 79 |
| estimar | 20 | expulsar | 171 | fiesta sorpresa | 195 | frustrado/a | 98 |
| estimular | 140 | exquisito/a | 136 | figurar | 38 | frutería | 54 |
| estómago | 66 | extender | 172 | fijarse | 84 | fuente | 118 |
| estrechar | 121 | exterior | 22 | filmoteca | 111 | fuerte | 131 |
| estrecho/a | 183 | extraer | 70 | filosofía | 182 | fuerza | 130 |
| estrella | 174 | extraído/a | 130 | fin | 28 | fugarse | 154 |
| estrellarse | 198 | extrañar | 160 | final | 98 | fumar | 204 |
| estrenado/a | 46 | extranjero/a | 23 | finalidad | 125 | función | 66 |
| estrenar | 58 | extranjero/a | 157 | finalizar | 101 | funcionar | 160 |
| estrés | 150 | extraño/a | 169 | financiado/a | 150 | fundamental | 119 |
| estresante | 137 | extraordinario/a | 92 | financiar | 198 | fundar(se) | 165 |
| estresarse | 148 | extraordinario/a | 93 | finanzas | 124 | fundir | 52 |
| estricto/a | 130 | extraterrestre | 35 | finca | 195 | funeral | 200 |
| estricto/a | 151 | extremo | 41 | fingir | 32 | | |
| estropearse | 58 | extrovertido/a | 157 | firma | 206 | | |

## g

| | |
|---|---|
| gafas | 34 |
| gallego | 207 |
| gama | 194 |
| gamba | 110 |
| ganar | 140 |
| ganarse la vida | 207 |
| garaje | 175 |
| garantizar | 186 |
| garganta | 142 |
| gasolina | 156 |
| gastador/a | 143 |
| gastar | 76 |
| gastos | 124 |
| gastos de comunidad | 34 |
| gastronómico/a | 150 |
| gemelo/a | 206 |
| gen | 60 |
| generación | 104 |
| general | 169 |
| generar | 44 |
| generoso/a | 67 |
| genial | 66 |
| genoma | 60 |
| gigante | 60 |
| gimnasio | 72 |
| girar | 134 |
| global | 22 |
| gobernar | 166 |
| gordo/a | 93 |
| gorro | 168 |
| gozar | 191 |
| grabadora | 67 |
| grabar | 95 |
| gracias a | 143 |
| gracioso/a | 34 |
| gradual | 87 |
| graduarse | 172 |
| grano | 92 |
| gratis | 23 |
| gratuitamente | 124 |
| gratuito/a | 23 |
| gratuito/a | 105 |
| grave | 163 |
| gravemente | 78 |
| gripe | 201 |
| gritar | 76 |
| grosero/a | 99 |
| grueso/a | 125 |
| guardar | 90 |
| guardería | 194 |
| guerrero/a | 207 |
| guía | 124 |
| guiar | 191 |
| guion | 162 |

## h

| | |
|---|---|
| haber | 96 |
| habilidad | 125 |
| habilitado/a | 72 |
| habilitar | 96 |
| habitado/a | 174 |
| habitante | 40 |
| habitar | 70 |
| hábito | 200 |
| habitual | 111 |
| hablador/a | 137 |
| hacer juego con | 104 |
| hacer la compra | 206 |
| hallar(se) | 122 |
| harina de maíz | 34 |
| hartarse | 52 |
| helado | 130 |
| helar | 38 |
| hembra | 175 |
| herida | 78 |
| herir | 180 |
| hermoso/a | 143 |
| herramienta | 40 |
| hervir | 58 |
| hielo | 99 |
| hierba | 150 |
| hígado | 60 |
| hincharse | 20 |
| hipermercado | 206 |
| hispanohablante | 142 |
| histérico/a | 143 |
| historiador/a | 29 |
| historiador/a | 98 |
| hogareño/a | 157 |
| !Hombre! | 156 |
| homenaje | 54 |
| homogéneo/a | 40 |
| honesto/a | 183 |
| horario de reparto | 67 |
| horario flexible | 194 |
| horno | 137 |
| horrible | 105 |
| hostil | 175 |
| hotel de renombre | 72 |
| huelga | 182 |
| huella | 29 |
| huerta | 99 |
| hueso | 40 |
| huevo | 175 |
| huir | 204 |
| húmedo/a | 137 |
| humillarse | 20 |
| humor | 66 |
| hundirse | 128 |
| huraño/a | 125 |

## i

| | |
|---|---|
| ida y vuelta | 124 |
| identificar(se) | 148 |
| idioma | 207 |
| ignorante | 105 |
| ignorar | 192 |
| iluminación | 104 |
| iluminar | 140 |
| ilustración | 125 |
| imaginarse | 58 |
| imitar | 108 |
| impaciente | 131 |
| impartir | 96 |
| impedir | 140 |
| implicar | 90 |
| imponer | 115 |
| importación | 41 |
| importancia | 163 |
| importar | 115 |
| importe | 86 |
| imprescindible | 23 |
| impresión | 104 |
| impresionante | 72 |
| impresora | 78 |
| imprimir | 148 |
| improvisado/a | 156 |
| imprudente | 61 |
| impulsar | 148 |
| impuntual | 137 |
| inadecuado/a | 175 |
| inalámbrico/a | 162 |
| inaugural | 87 |
| inaugurar | 154 |
| incentivo | 110 |
| incitar | 108 |
| incluido/a | 105 |
| incluir | 90 |
| incómodo/a | 125 |
| incompleto/a | 119 |
| inconstante | 111 |
| incorporar(se) | 64 |
| incorrecto/a | 157 |
| increíble | 136 |
| inculto/a | 67 |
| indeciso/a | 163 |
| independiente | 93 |
| independiente | 131 |
| independiente de | 131 |
| independizarse | 192 |
| indicar | 192 |
| índice | 86 |
| indicio | 79 |
| indiferente | 99 |
| indígena | 40 |
| indispensable | 182 |
| individual | 28 |
| individualista | 55 |
| individualizado/a | 124 |
| industrializar | 166 |
| ineficaz | 207 |
| infancia | 72 |
| infantil | 61 |
| infeliz | 125 |
| infiel | 119 |
| infiltrarse | 84 |
| influir | 44 |
| informar(se) | 96 |
| informativo | 124 |
| informe | 34 |
| ingenioso/a | 175 |
| ingenuo/a | 195 |
| ingerir | 52 |
| ingrediente | 79 |
| iniciar | 96 |
| ininterrumpido/a | 142 |
| inmediatamente | 194 |
| inmortal | 111 |
| inmueble | 23 |
| inocente | 137 |
| inolvidable | 162 |
| inquieto/a | 55 |
| insatisfecho/a | 93 |
| inscribirse | 140 |
| inscripción | 206 |
| insensible | 105 |
| insertar | 102 |
| insistir | 128 |
| inspiración | 104 |
| inspirarse | 180 |
| instalación | 29 |
| instalaciones | 29 |
| instalar(se) | 76 |
| instintivo/a | 111 |
| instrumento | 40 |
| instrumento de percusión | 86 |
| insultar | 32 |

| | | |
|---|---|---|
| intacto/a | 174 | |
| integrado/a | 124 | |
| integrar | 140 | |
| intención | 156 | |
| intensidad | 78 | |
| intenso/a | 175 | |
| intentar | 20 | |
| interactuar | 148 | |
| intercambiar | 140 | |
| interconectado/a | 143 | |
| interés | 54 | |
| interesante | 175 | |
| interesar | 52 | |
| intereses | 54 | |
| interferir | 192 | |
| intermedio/a | 28 | |
| intermitente | 175 | |
| internar | 90 | |
| interpretación | 130 | |
| interpretar | 102 | |
| interrumpirse | 102 | |
| intervenir | 76 | |
| intolerante | 157 | |
| intriga | 162 | |
| introducir | 148 | |
| introvertido/a | 79 | |
| inusual | 169 | |
| invadir | 148 | |
| inventar | 149 | |
| inverosímil | 55 | |
| inversión | 201 | |
| invertir | 115 | |
| investigador/a | 47 | |
| investigar | 154 | |
| invitar | 154 | |
| ir(se) | 25 | |
| ironía | 47 | |
| irracional | 125 | |
| irreal | 125 | |
| irritable | 207 | |
| isla | 169 | |

## j

| | | |
|---|---|---|
| jabón de manos | 55 | |
| jersey | 111 | |
| jornada completa | 182 | |
| joven | 28 | |
| joven | 183 | |
| joya | 40 | |
| joyería | 67 | |
| jubilación | 169 | |
| jubilarse | 192 | |
| juego | 162 | |
| juego de consola | 131 | |
| jugar | 166 | |
| juguete | 142 | |
| juntar | 64 | |
| junto a | 175 | |
| jurado | 156 | |
| justo | 137 | |
| juvenil | 183 | |
| juventud | 168 | |
| juzgar | 115 | |

## k

| | | |
|---|---|---|
| kárate | 168 | |

## l

| | | |
|---|---|---|
| labio | 200 | |
| laboral | 23 | |
| labranza | 150 | |
| lamentar | 166 | |
| lámpara | 104 | |
| lanzamiento | 131 | |
| lanzar | 115 | |
| largometraje | 93 | |
| lastimarse | 192 | |
| lavadora | 55 | |
| lechuga | 78 | |
| lector | 54 | |
| lector/a | 86 | |
| lectura | 168 | |
| leer | 204 | |
| leído/a | 104 | |
| lejano/a | 99 | |
| lengua | 130 | |
| lentilla | 34 | |
| lento/a | 87 | |
| león | 73 | |
| levantar(se) | 134 | |
| leve/a | 55 | |
| leyenda | 46 | |
| liberal | 201 | |
| libertad | 54 | |
| librarse | 160 | |
| libre | 175 | |
| librería | 168 | |
| licenciatura | 142 | |
| licuadora | 168 | |
| limitarse | 52 | |
| limón | 79 | |
| limpiar | 204 | |
| limpieza | 110 | |
| limpio/a | 73 | |
| lindo/a | 151 | |
| línea | 22 | |
| línea regular | 124 | |
| lingüístico/a | 118 | |
| líquido | 60 | |
| listo/a | 93 | |
| literatura | 168 | |
| localidad | 142 | |
| locutora de radio | 156 | |
| lógico/a | 79 | |
| lograr | 96 | |
| lomo fino | 136 | |
| longevidad | 61 | |
| luchar | 108 | |
| lujoso/a | 92 | |
| lujoso/a | 131 | |
| luna de miel | 200 | |

## ll

| | | |
|---|---|---|
| llamar(se) | 128 | |
| llavero | 175 | |
| llenarse | 70 | |
| lleno de | 66 | |
| lleno/a | 47 | |
| llevar(se) | 70 | |
| llorar | 26 | |

## m

| | | |
|---|---|---|
| machista | 79 | |
| madera | 182 | |
| madurar | 172 | |
| maestro/a | 35 | |
| magnífico/a | 162 | |
| maíz | 86 | |
| malabarista | 61 | |
| malcriado/a | 105 | |
| maleducado/a | 151 | |
| malestar | 23 | |
| maleta | 40 | |
| malo/a | 73 | |
| manchar | 26 | |
| mandar | 180 | |
| manejar | 109 | |
| manifestar(se) | 180 | |
| manta | 34 | |
| mantener en tensión | 72 | |
| mantener | 32 | |
| mantenimiento | 125 | |
| manual | 124 | |
| manualidad | 61 | |
| manuscrito | 130 | |
| maquillarse | 204 | |
| maravilloso/a | 151 | |
| marcar | 84 | |
| marcharse | 180 | |
| marearse | 198 | |
| marido | 54 | |
| marinero | 79 | |
| marino/a | 174 | |
| mariposa | 78 | |
| marisco | 79 | |
| mascota | 156 | |
| masculino/a | 93 | |
| masticar | 53 | |
| matar | 53 | |
| mate | 29 | |
| matemáticas | 93 | |
| matrimonio | 61 | |
| mayor | 93 | |
| mayor de edad | 119 | |
| mecanismo | 143 | |
| media | 156 | |
| media jornada | 182 | |
| mediano/a | 183 | |
| medianoche | 34 | |
| medida | 22 | |
| medio ambiente | 162 | |
| medio de comunicación | 40 | |
| medio de transporte | 55 | |
| medio/a | 156 | |
| medir | 102 | |
| meditar | 122 | |
| mejorar | 53 | |
| melancólico/a | 157 | |
| mencionar | 109 | |
| menor | 87 | |
| mensual | 201 | |
| mentir | 122 | |
| mentiroso/a | 55 | |
| mercancía | 86 | |
| merecer | 128 | |
| merendar | 84 | |
| merengue | 168 | |
| merienda | 66 | |
| metabolismo | 60 | |
| meter | 26 | |
| meticuloso/a | 118 | |
| método | 46 | |
| mezclar | 115 | |
| miedoso/a | 105 | |
| miel | 168 | |
| miembro/a | 162 | |
| minucioso/a | 73 | |
| mirar | 149 | |

| | | |
|---|---|---|
| misteriosamente | 46 | |
| mitad | 41 | |
| mito | 136 | |
| mochila | 168 | |
| modalidad | 124 | |
| moderado/a | 183 | |
| moderno/a | 34 | |
| modesto/a, humilde | 61 | |
| módico/a | 182 | |
| modista | 195 | |
| mojado/a | 183 | |
| mojar | 90 | |
| molestar | 26 | |
| monje | 200 | |
| montaje | 66 | |
| montar | 149 | |
| morderse | 149 | |
| moreno/a | 207 | |
| morfología | 119 | |
| morir | 204 | |
| mortal | 93 | |
| mostrador | 29 | |
| mostrar | 115 | |
| motivo | 86 | |
| motor | 156 | |
| mover(se) | 122 | |
| movido/a | 79 | |
| movimiento | 150 | |
| mudarse | 64 | |
| mueble | 182 | |
| muela | 54 | |
| muelle | 131 | |
| muestra | 110 | |
| mundo laboral | 206 | |
| muñeca | 34 | |
| mural | 136 | |
| muralista | 78 | |
| musculación | 168 | |

### n

| | | |
|---|---|---|
| nacer | 26 | |
| nacional | 67 | |
| nacionalista | 47 | |
| nadador/a | 168 | |
| narrar | 204 | |
| nata | 137 | |
| nativo/a | 174 | |
| nativo/a | 195 | |
| naturaleza | 28 | |
| navegar | 155 | |
| negar | 102 | |
| negativo/a | 119 | |
| negligente | 195 | |
| negociar | 38 | |
| negocio | 183 | |
| nervioso/a | 73 | |
| ni siquiera | 137 | |
| nido | 175 | |
| nieto/a | 34 | |
| nieve | 67 | |
| noción | 194 | |
| norma | 162 | |
| norma social | 40 | |
| normal | 111 | |
| normas de uso | 72 | |
| norteamericano/a | 22 | |
| nostalgia | 23 | |
| nota | 93 | |
| nublado/a | 67 | |
| nublado/a | 67 | |

### o

| | | |
|---|---|---|
| obedecer | 160 | |
| obeso/a | 125 | |
| objetivo | 118 | |
| objetos perdidos | 118 | |
| obligar | 166 | |
| obra inmortal | 104 | |
| obsequiar | 166 | |
| observar | 160 | |
| obstinado/a | 157 | |
| obtener | 129 | |
| obvio/a | 99 | |
| ocasionar | 192 | |
| oceanográfico/a | 131 | |
| ocultar | 70 | |
| ocupado/a | 105 | |
| ocupar | 32 | |
| ocurrir(se) | 96 | |
| odiar | 32 | |
| oferta | 206 | |
| ofrecer | 102 | |
| oír | 26 | |
| óleo | 28 | |
| oler | 76 | |
| olíva virgen | 86 | |
| olvidarse | 90 | |
| ópera | 66 | |
| operar | 180 | |
| opinar | 180 | |
| oponerse | 76 | |
| oportunidad | 28 | |
| optar | 109 | |
| optimista | 79 | |
| ordenado/a | 55 | |
| ordenador portátil | 78 | |
| ordenar | 44 | |
| organizar | 140 | |
| órgano | 60 | |
| orgulloso/a | 175 | |
| orientarse | 192 | |
| original | 93 | |
| originar(se) | 122 | |
| orilla | 162 | |
| orquesta | 150 | |
| oscuro/a | 119 | |
| ostentoso/a | 61 | |

### p

| | | |
|---|---|---|
| paciente | 169 | |
| paciente | 207 | |
| pacífico/a | 201 | |
| padecer | 198 | |
| pagar | 96 | |
| página web | 206 | |
| paisaje | 47 | |
| pájaro | 156 | |
| palacio | 46 | |
| panadero/a | 72 | |
| panhispánico/a | 119 | |
| papel | 66 | |
| papelería | 87 | |
| paquete turístico | 142 | |
| parada | 54 | |
| paralelamente | 61 | |
| parar | 135 | |
| parecer | 53 | |
| pared | 28 | |
| pareja | 98 | |
| paro | 47 | |
| parque temático | 162 | |
| participar | 141 | |
| particular | 93 | |
| particular | 201 | |
| partidario | 35 | |
| partido | 130 | |
| partir | 26 | |
| pasado | 194 | |
| pasado mañana | 195 | |
| pasajero/a | 29 | |
| pasaporte | 99 | |
| pasar la aspiradora | 137 | |
| pasar | 20 | |
| pasear | 204 | |
| paseo | 66 | |
| paseo marítimo | 162 | |
| pasión | 47 | |
| pasivo/a | 137 | |
| paso | 130 | |
| paso a paso | 124 | |
| pastel | 73 | |
| pata | 182 | |
| patinaje artístico | 78 | |
| pato/a | 78 | |
| payaso/a | 61 | |
| peculiar | 35 | |
| pedalear | 198 | |
| pedido | 110 | |
| pedir | 70 | |
| pegar | 58 | |
| peinarse | 76 | |
| película corta | 151 | |
| peligroso/a | 163 | |
| peluquería | 163 | |
| peluquero/a | 168 | |
| penetrar | 149 | |
| peninsular | 118 | |
| pensar | 26 | |
| pequeño/a | 175 | |
| perder | 44 | |
| perdonar | 33 | |
| perejil | 79 | |
| perezoso/a | 61 | |
| perfeccionar | 27 | |
| perfeccionista | 157 | |
| perfumería | 67 | |
| periodismo | 67 | |
| período | 142 | |
| perjudicar | 44 | |
| permanecer | 44 | |
| permitido/a | 207 | |
| permitir | 122 | |
| perseguir | 198 | |
| perseverante | 169 | |
| persiana | 118 | |
| persistir | 38 | |
| persona | 28 | |
| personaje | 41 | |
| personal | 110 | |
| persuadir | 129 | |
| pertenecer | 155 | |
| pesado/a | 99 | |
| pesado/a | 130 | |
| pesar | 71 | |
| pescadería | 163 | |
| pesimista | 125 | |
| pez | 78 | |
| picar | 85 | |

| | | | | | | | |
|---|---|---|---|---|---|---|---|
| pierna | 130 | precisamente | 169 | progresar | 129 | queso | 54 |
| pieza | 142 | precisar | 39 | prohibido/a | 67 | quieto/a | 163 |
| pila | 92 | precolombino/a | 41 | prohibir | 44 | química | 93 |
| pingüino | 174 | predecir | 180 | prometer(se) | 65 | quitar(se) | 27 |
| pintar(se) | 33 | predominar | 181 | promover | 96 | | |
| pirámide | 41 | preferir | 109 | pronunciar | 204 | **r** | |
| piscina | 54 | preguntar | 135 | propiciar | 116 | rabiar | 172 |
| piscina climatizada | 78 | premio | 104 | propietario/a | 136 | racimo de flores | 22 |
| pista de circo | 163 | prenda | 118 | propina | 93 | racional | 169 |
| placer | 40 | preocupado/a | 55 | propio/a | 29 | radicalmente | 118 |
| placer | 33 | preocuparse | 33 | propio/a | 61 | rancho | 104 |
| plancha | 104 | preparar | 64 | proponer | 155 | rápido/a | 131 |
| planchar | 33 | prescindir | 76 | proporcionar | 90 | raro/a | 93 |
| planeta | 29 | presencial | 124 | prosperar | 116 | rascar | 71 |
| planificar | 135 | presenciar | 181 | próspero/a | 105 | rasgo | 40 |
| plano/a | 105 | presentador/a | 47 | protagonista | 41 | ratificar | 181 |
| planta | 174 | presentar(se) | 64 | proteger | 160 | ratón | 34 |
| plantear | 166 | préstamo | 41 | protestar | 91 | raza | 93 |
| plátano | 73 | prestar | 58 | proveer | 116 | razón | 92 |
| plaza limitada | 61 | prestigiar | 33 | provenir | 198 | razonable | 201 |
| plazo de inscripción | 28 | prestigio | 130 | provincia | 174 | reacción | 200 |
| plazo de presentación | 183 | prestigioso/a | 47 | provisional | 23 | reaccionar | 85 |
| pleno/a | 46 | presumir | 141 | provocar | 45 | real | 143 |
| poblar(se) | 85 | presupuesto | 105 | próximo/a | 47 | realista | 78 |
| pobre/a | 47 | pretender | 141 | proyectar | 161 | realizar | 20 |
| poco a poco | 157 | pretensión | 136 | proyecto | 22 | rebajar | 186 |
| poema | 169 | prevenir | 44 | prudente | 143 | rebelarse | 109 |
| político/a | 98 | prever | 122 | pruebas de admisión | 142 | recepción | 22 |
| pollo | 130 | previamente | 162 | psicológico/a | 124 | receta | 72 |
| poner(se) | 129 | previsible | 150 | psicólogo/a | 201 | rechazar | 45 |
| por casualidad | 195 | previsto/a | 142 | publicación | 142 | recibir | 102 |
| por completo | 73 | principal | 22 | publicar | 109 | reciclar | 91 |
| por el contrario | 156 | principalmente | 73 | publicidad | 151 | recién | 46 |
| por escrito | 78 | principiar | 192 | público | 105 | reciente | 60 |
| por otra parte | 118 | privado/a | 131 | público/a | 61 | reciente | 195 |
| por último | 174 | privar | 58 | pueblo | 35 | reclamar | 186 |
| portal | 150 | probabilidad | 136 | puente | 168 | reclutar | 193 |
| portar(se) | 166 | probar | 129 | puerto | 207 | recoger | 91 |
| porteño/a | 182 | procedente de | 142 | puesto de trabajo | 99 | recomendar | 59 |
| poseer | 58 | proceder | 39 | pulmón | 60 | reconocer | 85 |
| posibilidad | 35 | procedimiento | 110 | pulsera | 67 | reconocimiento médico | 29 |
| positivo/a | 67 | proceso | 118 | punto de vista | 22 | recordar | 71 |
| posponer | 167 | procurar | 65 | puntual | 143 | recorrer | 135 |
| postal | 87 | producir(se) | 116 | puntualidad | 72 | recostar | 59 |
| postgrado | 142 | productivo/a | 131 | purificar | 45 | recto/a | 22 |
| postre | 35 | producto | 60 | | | recuperación | 78 |
| potencia | 194 | producto turístico | 206 | **q** | | recuperar(se) | 45 |
| prácticamente | 174 | profesión | 46 | !Qué va! | 156 | recurrir | 116 |
| practicar | 172 | profesional | 34 | quebrar | 172 | red | 29 |
| práctico/a | 194 | profundo/a | 73 | quedar(se) | 167 | redacción | 54 |
| precavido/a | 183 | profundo/a | 98 | quejarse | 167 | reducido/a | 23 |
| precio | 201 | programa | 28 | quemar | 172 | reducir | 116 |

| | | | | | | | | |
|---|---|---|---|---|---|---|---|---|
| referencia | 118 | reservar | 129 | **S** | | severo/a | 151 | |
| referirse | 21 | residencia | 34 | sábana | 34 | sierra | 168 | |
| reflejar | 155 | residente | 183 | saber | 27 | significar | 173 | |
| reflexionar | 91 | residir | 199 | sabio/a | 201 | siguiente | 87 | |
| reforma | 86 | resistencia | 124 | sabor | 92 | silencio | 162 | |
| reformar | 155 | resistir(se) | 122 | sacar | 97 | silencioso/a | 60 | |
| regalar | 161 | resolver | 116 | sacrificar | 173 | silencioso/a | 195 | |
| regañar | 199 | respectivo/a | 142 | salado/a | 86 | sillón | 118 | |
| regar | 59 | respetar | 59 | salario a convenir | 182 | simbolizar | 123 | |
| reggaeton | 168 | respetuoso/a | 61 | salsa | 168 | simple | 73 | |
| registrar | 39 | responder | 109 | saltar | 181 | sin falta | 168 | |
| regresar | 76 | responsabilizarse | 199 | salud integral | 124 | sincero/a | 131 | |
| reinar | 199 | responsable | 22 | saludable | 55 | sinfónico | 150 | |
| reír(se) | 77 | restar | 91 | saludar | 21 | singularidad | 86 | |
| relación | 195 | resultar | 141 | salvar | 117 | siniestro | 41 | |
| relacionado con | 60 | resurgir | 103 | sanar | 181 | sintaxis | 119 | |
| relacionarse | 91 | retener | 116 | sancionar | 123 | síntoma | 206 | |
| relajado/a | 87 | retirar(se) | 116 | sanitario | 35 | sitio | 23 | |
| relajante | 73 | retornar | 123 | sano/a | 61 | situación | 23 | |
| relajarse | 71 | retractarse | 65 | satisfacerse | 27 | situar | 97 | |
| relatar | 187 | retrasarse | 193 | secador | 55 | sobrar | 27 | |
| rellenar | 167 | retraso | 54 | secar(se) | 135 | sobrepasar | 45 | |
| relleno/a | 34 | retribución | 110 | seco/a | 61 | sobresalir | 85 | |
| reluciente | 67 | retroceder | 129 | sector de la restauración | 206 | sobrevivir | 45 | |
| remediar | 172 | reunión | 110 | seductor | 40 | sociable | 131 | |
| remedio | 195 | reunir(se) | 149 | seguir | 91 | social | 98 | |
| remitir | 193 | revelar | 103 | según | 174 | socio/a | 29 | |
| remontarse | 199 | revisar | 39 | seguramente | 104 | sociocultural | 72 | |
| remover | 71 | revista | 162 | seguro médico | 23 | socorrista | 72 | |
| rendir | 172 | revolución | 87 | seguro/a | 143 | solar | 92 | |
| renovar | 135 | revolver | 71 | seleccionar | 161 | soledad | 104 | |
| renta | 183 | rezar | 193 | semáforo | 200 | soler | 53 | |
| renunciar | 39 | rico/a | 111 | semanal | 201 | solicitar | 123 | |
| reparar | 181 | riesgo | 142 | semejante | 79 | solicitud | 200 | |
| repartir | 141 | riñón | 60 | semestre | 142 | solidaridad | 66 | |
| repentino/a | 55 | risa | 200 | semilla | 174 | solitario/a | 61 | |
| repercutir | 199 | robar | 205 | señalar | 193 | solitario/a | 174 | |
| repetir | 53 | roble | 182 | sencillo/a | 87 | soltar | 117 | |
| repleto de | 136 | rodaje | 72 | sencillo/a | 194 | soltero/a | 150 | |
| réplica | 136 | rodar | 103 | sensación | 35 | solución | 200 | |
| reposición | 111 | rodear | 173 | sensato/a | 119 | solucionar | 117 | |
| representación | 66 | rogar | 77 | sensible | 119 | sombrero | 99 | |
| representar | 97 | rol | 40 | sentarse | 161 | someterse | 21 | |
| representativo/a | 118 | romántico/a | 156 | sentido | 130 | sonar | 173 | |
| reproducir | 97 | romper | 65 | sentir(se) | 91 | soñar | 97 | |
| res | 104 | roquero/a | 163 | separar(se) | 21 | sonido | 175 | |
| resbalarse | 59 | rubio/a | 67 | ser | 71 | sonreír | 77 | |
| rescatar | 59 | ruidoso/a | 143 | ser capaz de | 143 | soportar | 141 | |
| rescate | 47 | ruina | 41 | servicio a domicilio | 124 | soprano | 163 | |
| reserva | 124 | rural | 151 | servicio de orientación | 34 | sorprendente | 66 | |
| reserva anticipada | 124 | ruta | 142 | servicio de préstamo | 162 | sorprenderse | 123 | |
| reservado/a | 151 | | | servir | 167 | sortear | 65 | |

| | |
|---|---|
| sorteo | 66 |
| soso/a | 111 |
| soso/a | 143 |
| sospechar | 21 |
| sostener | 155 |
| suave | 111 |
| subastar | 155 |
| subir | 205 |
| submarinismo | 29 |
| subrayar | 161 |
| subsistir | 199 |
| sucio/a | 93 |
| sucursal | 206 |
| sueldo | 93 |
| sueño | 46 |
| sufrir | 117 |
| sugerir | 161 |
| sumarse | 167 |
| suministrar | 167 |
| superar | 141 |
| superficial | 201 |
| superior/a | 29 |
| suponer | 173 |
| suprimir | 173 |
| surgir | 173 |
| surrealista | 78 |
| suscribirse | 199 |
| suspender | 97 |
| suspense | 47 |
| sustituir | 181 |

### t

| | |
|---|---|
| tabla | 60 |
| tacaño/a | 29 |
| tacaño/a | 169 |
| tacón | 195 |
| talla | 34 |
| taller de coches | 41 |
| tambor | 40 |
| tango | 29 |
| tapar | 181 |
| taquilla | 137 |
| tardar | 187 |
| tarea doméstica | 206 |
| tarjeta | 99 |
| tasa | 124 |
| teclado | 137 |
| técnico | 29 |
| tecnología | 35 |
| teléfono fijo | 142 |
| tema | 29 |
| temblar | 85 |
| temer | 33 |
| temeroso/a | 105 |
| temperamento | 60 |
| templo | 200 |
| temporada | 194 |
| temporada alta | 131 |
| temporada baja | 131 |
| temporada de lluvias | 174 |
| temporada seca | 174 |
| tendencia | 201 |
| tender | 193 |
| tener lugar | 29 |
| teñir | 85 |
| tenor | 163 |
| tensión | 162 |
| tercera edad | 157 |
| terco/a | 61 |
| terminar | 77 |
| termómetro | 41 |
| terreno | 92 |
| terrestre | 174 |
| tesis doctoral | 87 |
| tesoro | 130 |
| testigo/a | 60 |
| tibio/a | 54 |
| tiempo | 99 |
| tiempo libre | 125 |
| tienda | 195 |
| tierno/a | 87 |
| timba | 168 |
| tímido/a | 137 |
| tintorería | 118 |
| típico/a | 28 |
| tirar | 187 |
| títere | 162 |
| tocar | 205 |
| tonto/a | 99 |
| torcer | 187 |
| tormenta | 78 |
| torpe | 157 |
| torre | 46 |
| tortuga | 60 |
| toser | 45 |
| tostadora | 168 |
| tostarse | 53 |
| totalidad | 142 |
| trabajador/a | 119 |
| trabajar | 205 |
| tradición | 29 |
| traducido/a | 104 |
| traducir | 103 |
| traer | 205 |
| tráfico | 54 |
| tragedia | 151 |
| tranquilo/a | 183 |
| transcurso | 46 |
| transformarse | 187 |
| transmitir | 103 |
| transporte | 182 |
| transportista | 86 |
| trasladar(se) | 77 |
| traspasar(se) | 117 |
| traspaso | 61 |
| trastorno | 194 |
| tratar | 187 |
| travesía | 46 |
| travesura | 46 |
| travieso/a | 175 |
| trayecto | 72 |
| trimestre | 61 |
| triunfar | 141 |
| tropezar | 117 |
| turista | 23 |

### u

| | |
|---|---|
| ubicación | 183 |
| ufología | 35 |
| un par de días | 156 |
| unidad | 119 |
| unificar | 193 |
| unir | 59 |
| urbanita | 150 |
| urbanización | 92 |
| urgente | 111 |
| usar | 21 |
| usuario/a | 23 |
| utensilio | 150 |
| utilizar | 21 |

### v

| | |
|---|---|
| vaca | 104 |
| vacaciones | 41 |
| vaciar | 77 |
| vacío/a | 111 |
| vacío/a | 125 |
| vacuna | 136 |
| vago/a | 201 |
| valer | 187 |
| válido/a | 110 |
| valiente | 157 |
| valorar | 39 |
| vals | 34 |
| variar | 97 |
| vecino/a | 28 |
| vegetariano/a | 99 |
| vehículo propio | 182 |
| vela | 40 |
| velocidad | 35 |
| vencer | 129 |
| vender | 27 |
| venezolano/a | 183 |
| ventaja | 99 |
| ventajoso/a | 87 |
| ventanal | 23 |
| verdulería biológica | 206 |
| vergonzoso/a | 137 |
| versión | 104 |
| vestirse | 65 |
| vestuario | 66 |
| viajar | 205 |
| viejo/a | 87 |
| vigente | 118 |
| vigilar | 103 |
| violencia | 200 |
| violento/a | 201 |
| violín | 99 |
| virtual | 194 |
| visado | 156 |
| visitar | 161 |
| vivienda | 23 |
| volar | 135 |
| volcar | 123 |
| voluntario/a | 60 |
| voluntario/a | 175 |
| volver | 27 |
| votar | 123 |
| voto | 23 |
| vuelo | 78 |
| vulgar | 195 |

### x

| | |
|---|---|
| xenote | 206 |

### y

| | |
|---|---|
| yoga | 137 |

### z

| | |
|---|---|
| zanahoria | 78 |
| zona | 194 |
| zoológico | 73 |

1쇄 발행 2020년 12월 15일
2쇄 발행 2023년  3월  2일

지은이  권경희
펴낸곳  엘솔출판사
펴낸이  엘솔출판사 출판팀
편집 및 디자인  김유정
주소  서울시 마포구 양화로 175
전화번호  070-8150-6102
문의  카톡 5_viva
등록번호  253-94-01562
정가  18,000원

Copyright @ 2023, 권경희

이 책 내용의 저작권은 저자에게 있습니다.
저자 및 출판사의 허락 없이 이 책의 일부 또는 전부를
무단 복제·전재·발췌할 수 없습니다.

ISBN 78-89-969857-1-6